Minha Terra e meu Povo

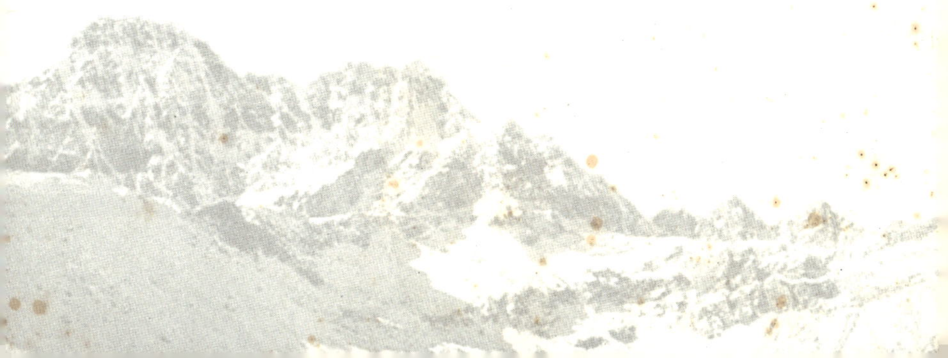

MINHA TERRA *e* MEU POVO

A Autobiografia de Sua Santidade, o

DALAI LAMA

SEXTANTE

Título da edição original em inglês: My Land and My People

preparo de originais
Regina da Veiga Pereira
tradução
Heloisa Maria Lanari
revisão
Roberto Lanari
Sérgio Bellinello Soares
capa
Victor Burton
projeto gráfico e diagramação
Valéria Facchini de Mendonça
fotolitos
Mergulhar Serviços Editoriais Ltda.
impressão
Geográfica editora

CIP-BRASIL. CATALOGAÇÃO-NA-FONTE
SINDICATO NACIONAL DOS EDITORES DE LIVROS, RJ.

D138m Dalai-Lama, 1935–
Minha terra e meu povo : a autobiografia de Sua Santidade, o Dalai-Lama / tradução de Heloisa Maria Lanari – Rio de Janeiro : Sextante, 2001

Tradução de: My land and my people
ISBN 85-86796-88-3

1. Dalai-Lama, 1935–. 2. Dalai-Lamas – Biografia. 3. Tibet (China) – História. I. Título.

01-0673. CDD 922.943
CDU 92 (DALAI-LAMA)

Av. Nilo Peçanha, 155 – Gr. 301 – Centro
20020-100 – Rio de Janeiro – RJ
Tel.: (21) 524-6760 – Fax: (21) 524-6755
Central de Atendimento: 0800-22-6306
E-mail: atendimento@esextante.com.br
www.esextante.com.br

Sumário

INTRODUÇÃO

Sinto-me muito feliz em escrever esta introdução à reedição de minha autobiografia *Minha Terra e Meu Povo.* Publicada em 1962, ela foi originalmente escrita em tibetano, logo traduzida para o inglês e, em seguida, para diversas outras línguas. Embora tenha tido sucessivas edições – a história de minha vida foi também contada em outras biografias –, este livro continua sendo um importante documento tanto dos primórdios de minha vida no Tibet quanto dos acontecimentos que levaram ao levante tibetano de 1959 e à minha fuga para o exílio. Os sentimentos estavam à flor da pele quando os registrei. Seria difícil recriar hoje a sensação de urgência dos meus escritos de então.

Quando eu e meus compatriotas tibetanos nos tornamos refugiados, a boa vontade e a generosidade do povo indiano e do governo da Índia proporcionaram os alicerces sobre os quais pudemos recomeçar nossas vidas. Nepal, Butão e Sikkim também nos concederam asilo e assistência, pelo que têm a nossa gratidão. Dentre aqueles que se dispuseram a ajudar, grupos da igreja cristã e o povo suíço se revelaram os mais generosos e leais durante todo o processo de reabilitação. Desde então, comunidades inteiras têm-se formado no exílio, com assentamentos agrícolas, centros artesanais, escolas, mosteiros e instituições de estudos avançados e pesquisa, visando preservar a herança literária, médica e artística do Tibet. De fato, os exilados tibetanos emergiram dos rigores e sofrimentos dos primeiros anos para se tornarem um dos mais bem-sucedidos grupos de refugiados reassentados no mundo.

No entanto, apesar do aparente sucesso como refugiados, os exilados tibetanos jamais se esqueceram de seu principal objetivo – lutar por nossa liberdade. Hoje existem mais de cento e trinta mil exilados tibetanos. Destes, aproximadamente dez por cento vivem fora do subcontinente indiano, tendo os grupos mais numerosos se estabelecido na Suíça, no Canadá e nos Estados Unidos – países que ofereceram oportunidades especiais de imigração. A comunidade de exilados tornou-se uma comunidade internacional que permanece comprometida com a causa do Tibet de forma pacífica, mantendo laços estreitos com seu país e participando ativamente da luta por meio de grupos locais e internacionais, e através de um parlamento e governo no exílio democraticamente eleitos.

Nos primeiros anos do exílio, enquanto lutávamos para sobreviver como povo e preservar nossa identidade e nossa cultura, a situação no Tibet piorava a cada ano. O processo de morte e destruição, que começara na década de 50, intensificou-se durante o caos da Revolução Cultural chinesa. Quando terminou, cerca de seis mil e quatrocentos mosteiros (99,9 por cento do total) haviam sido destruídos, aproximadamente um milhão e duzentos mil tibetanos (de um total de aproximadamente seis milhões) tinham morrido prematuramente como conseqüência direta das políticas chinesas de ocupação.

Em 1979, depois de ter colocado um ponto final na Revolução Cultural, Deng Xiaoping tomou pessoalmente a iniciativa de entrar em contato comigo e, numa breve mensagem, afirmou que à exceção da independência do Tibet – ou "a separação da terra-mãe", como ele a chamou – estava aberto ao diálogo sobre todas as questões pendentes. Eu respondi positivamente e, entre 1979 e 1984, enviamos ao Tibet quatro comissões e duas delegações para abrir conversações em Pequim. Neste breve período, nossas esperanças cresceram consideravelmente, e as condições no Tibet também melhoraram. No entanto, como as expectativas eram grandes e os progressos, lentos, o povo tibetano começou a manifestar sua frustração. Houve protestos em Lhasa e em outras partes do Tibet aos quais os chineses reagiram vigorosamente, chegando a impor a lei marcial. Pouco tempo depois, Pequim foi também tomada por protestos reivindicando maiores liberdades, e o desfecho foi uma repressão mais severa e a imposição, mais uma vez, da lei marcial. Mudou a atmosfera política e a recente abertura chinesa foi subitamente interrompida.

Embora a liderança chinesa não tenha compreendido a verdadeira natureza da questão tibetana e todos tenhamos perdido um tempo valioso durante esses anos, não me sinto totalmente decepcionado com o atual retrocesso. Sou otimista quanto à possibilidade de mudanças positivas e graduais na China em futuro próximo. Tenho com freqüência afirmado, clara e publicamente, que não estou reivindicando a independência do Tibet. Embora o Tibet tenha sido, historicamente, uma nação independente e separada da China, tenho consciência de que, em um mundo em transformação, uma comunidade ou nação de menor porte pode se beneficiar estando associada a um estado maior. Não quero discutir história, quero olhar para o futuro. O cuidado com os assuntos externos e militares, que presumo serem prioritários para os chineses, pode ficar a cargo de Pequim. O essencial é que os tibetanos desfrutem genuína autodeterminação.

Detalhei essas idéias e encaminhei-as à liderança chinesa em Pequim, além de torná-las públicas. Embora alguns tibetanos tenham criticado muito severamente essas propostas, estou pessoalmente comprometido com elas e sinto ser este o melhor modo – não-violento – de servir ao povo e à nação tibetana.

A essência dessas propostas exige também uma forma genuinamente democrática de governo para o povo tibetano e que o Tibet seja gradativamente transformado em uma zona de não-conflito. Sugeri que essas metas poderiam ser atingidas inicialmente com a remoção das forças militares sediadas em áreas civis e, posteriormente, com a remoção de todas as forças militares e armamentos, através de acordos com as partes envolvidas. Tenho convicção de que a inexistência de armamentos e de pessoal militar irá praticamente eliminar a possibilidade de algum conflito na região, particularmente entre as maiores potências, como Índia e China. É dessa maneira que acredito que o Tibet, como uma zona de paz, pode verdadeiramente contribuir para a paz na região e no mundo.

Infelizmente, os chineses não nos apresentaram uma resposta pronta e positiva. Por outro lado, a reação oficial à minha confirmação da reencarnação do Panchen Lama, uma essencial prática tibetana religiosa e tradicional, foi imediata e extraordinariamente enérgica e negativa. Não obstante, apesar de não ter havido progresso na frente oficial, estou animado com a resposta do povo chinês – estudiosos, intelectuais, escritores, pensadores e ativistas democráticos –, que, preocupado com a marcha dos acontecimentos no Tibet, exigiu, nos últimos anos, que Pequim abrisse negociações comigo. Em março de 1994, cinqüenta e quatro proeminentes cidadãos de Xangai, em um apelo ao governo de Pequim sobre diversas questões, incluíram um pedido para que fosse reiniciado um diálogo comigo. Em 1996, um ativista da democracia de Guangzhou e um professor de história da Universidade de Pequim fizeram reivindicação semelhante. Muitos outros dissidentes também se manifestaram, e estudiosos chineses no exterior também buscaram oferecer suas soluções para o problema tibetano. Há poucos anos, em uma conferência sobre o futuro da China, concordou-se sobre a necessidade de uma nova constituição, exigindo uma China confederada que concedesse ao Tibet o *status* confederativo e também reconhecesse o direito dos tibetanos de se separarem completamente no futuro. O fato de esses estudiosos chineses terem explicitamente reconhecido o *status* independente do Tibet e os direitos do povo tibetano me anima tremendamente. Como pode a China permanecer indiferente, ignorar a opinião internacional e desconsiderar as vozes de seus melhores pensadores?

Minha recente visita a Taiwan foi também muito animadora. Confirmou minha crença de que uma sociedade economicamente vibrante não é necessariamente incompatível com uma democracia robusta e que pode haver cordialidade e amizade legítimas entre os povos tibetano e chinês. Estas são algumas das razões óbvias que me dão esperanças de que, num futuro próximo, mudanças positivas virão para o Tibet.

Em minhas viagens pela Índia e pelo mundo inteiro, convenço-me cada vez mais da necessidade fundamental de todos os seres humanos buscarem maior felicidade e evitarem qualquer tipo de sofrimento. À medida que, com os avanços da ciência e da tecnologia, o mundo vai se tornando menor e mais interdependente economicamente, o que acontece em determinada parte do mundo deixa de ser uma questão isolada e passa a ter impacto global.

Creio que, num mundo assim, todas as diferentes tradições religiosas têm importante papel a desempenhar e, independentemente das diferenças filosóficas – que muitas vezes podem ser básicas e fundamentais –, elas nos ensinam a importância do amor e da compaixão, de como ser uma pessoa melhor, de desenvolver um coração bondoso.

Em minha limitada capacidade como monge budista, tenho tentado contribuir para essa idéia, mostrando meu respeito a todas as diferentes tradições espirituais do mundo, dando ênfase às semelhanças e abrindo um diálogo no sentido de promover nossas metas para a criação de um ser humano melhor, de um mundo melhor. Através da minha sincera participação em inúmeros serviços e diálogos inter-religiosos é provável que tenhamos feito alguns modestos progressos. E não tenho dúvida de que todos temos aprendido bastante, compartilhando experiências e percepções profundas das tradições e técnicas contemplativas, filosóficas, meditativas e místicas de cada um.

Creio firmemente que os seres humanos necessitam de amor e compaixão para obtermos o pleno desenvolvimento e a felicidade genuína. Ao nascermos, precisamos do amor e da compaixão de nossos pais e, quando envelhecemos, ficamos novamente dependentes do amor e da compaixão dos outros. Se nos deixamos levar pela compaixão e pelo amor, podemos ver com clareza que o desejo dos demais seres humanos – por paz e felicidade, evitando o sofrimento – é exatamente igual ao nosso. Por isso o crescimento da compaixão nos ajudará a reduzir as possibilidades de guerra, nos auxiliará a compartilhar de forma mais justa os recursos naturais do mundo e nos ensinará a cuidar do meio ambiente. Por isso, também, clamo pela manutenção universal dos direitos humanos baseados na compaixão.

Essas não são idéias ocidentais, como sugeriram certos governantes totalitários e militares asiáticos para justificar seu desrespeito aos direitos humanos e sua recusa de tratamento legal justo a seus governados. São simples verdades universais. Todos somos especialmente responsáveis por ajudar a criar um mundo melhor, pois o progresso material por si só é insuficiente para garantir uma sociedade humana mais feliz. Ninguém sai perdendo e todos ganham ao partilharem uma noção universal de responsabilidade para com este planeta e todos os seres que o habitam.

Outra razão para o meu otimismo é o fato de diversas sociedades totalitárias, sociedades em que as liberdades e os direitos do indivíduo eram subordinados ao bem coletivo, terem começado a se transformar em instituições mais democráticas e humanas. E sinto-me confortado pelo fato de o conflito Ocidente-Oriente, que nos manteve à beira de uma possível destruição nuclear, encontrar-se agora em segundo plano. Fiquei particularmente emocionado pela maneira como terminou o *apartheid* na África do Sul e pelos progressos que se tem feito no Oriente Médio. Fico emocionado pelo fato de esses problemas, aparentemente insolúveis, terem se resolvido por meio de diálogos e debates.

Mas o que mais me estimula é a crescente consideração e

apoio mundiais à causa tibetana: dezenas de milhares de cidadãos de todas as esferas – músicos, artistas, estudiosos, escritores – e centenas de grupos de apoio ao Tibet uniram-se a nós na luta pela liberdade e pela vida em nosso país. Isto também se reflete nos gestos de solidariedade de órgãos legislativos em diversas partes do mundo, especialmente o Congresso dos Estados Unidos e o Parlamento europeu, que assumiram a liderança. Informações corretas sobre o Tibet e o crescente reconhecimento do valor cultural do Tibet contribuíram para isso, e o Prêmio Nobel da Paz, que recebi em 1989, teve como efeito uma tomada de consciência mais ampla sobre o Tibet em todo o mundo.

Permaneço profundamente comprometido com a idéia básica de que as tradições culturais e religiosas do Tibet devem ser salvas, e que a liberdade dos tibetanos deve ser assegurada não apenas por nós, mas pelo mundo. E como continuo procurando dialogar com a liderança chinesa, quero repetir que a luta tibetana não é contra o povo chinês ou a China, e sim um esforço para proteger e assegurar os direitos legítimos do povo tibetano, e para salvar uma rica e valiosa herança cultural do mundo.

Sua Santidade, o Dalai-Lama

1

O Filho do Fazendeiro

Nasci em um pequeno povoado chamado Taktser, no nordeste do Tibet, no quinto dia do quinto mês do Ano do Porco Selvagem no calendário tibetano – isto é, em 1935. Taktser fica no distrito de Dokham, que é um nome descritivo, pois *Do* significa a parte mais baixa de um vale que se junta a uma planície e *Kham* é a região oriental do Tibet onde vive a distinta raça de tibetanos chamada *khampa.* Portanto, Dokham é a região do Tibet onde nossas montanhas começam a baixar até as planícies do leste, em direção à China. Taktser fica 2.700 metros acima do nível do mar.

A região era muito bonita. Nosso povoado, pousado em um pequeno platô, ficava praticamente rodeado por campos férteis de trigo e cevada. O platô, por sua vez, era circundado por uma cadeia de montes cobertos de relva – densa e de um verde forte.

Ao sul do povoado havia uma montanha mais alta que as demais. Seu nome era Ami-chiri, mas os aldeões também se referiam a ela como "A Montanha que Penetra o Céu", e era considerada moradia da deidade guardiã do lugar. Suas encostas mais baixas eram cobertas de florestas e, acima delas, podia-se ver uma rica extensão de relva. Ainda mais alto, a pedra aflorava, e no topo havia uma cobertura de neve que jamais derretia. Na face norte da montanha cresciam zimbros, álamos, pessegueiros, ameixeiras e muitas espécies de frutas silvestres e flores perfumadas. Fontes de águas límpidas jorravam em cascatas e pássaros e animais selvagens – veados, asnos selvagens, macacos, alguns leopardos, ursos e raposas – vagavam sem medo da presença do homem, pois o povo budista jamais pensaria em fazer mal a um ser vivo.

Em meio ao esplendor dessa beleza natural ficava o mosteiro Karma Shar Tsong Ridro, um lugar famoso na história religiosa do Tibet. Foi fundado por Karma Rolpai Dorje, a quarta reencarnação de Karmapa, que por sua vez foi a primeira reencarnação reconhecida no Tibet. Nesse mosteiro nosso grande reformador Tsongkhapa foi iniciado como monge no décimo quarto século da era cristã. Mais abaixo havia um segundo mosteiro, chamado Amdo Jhakyung, magnífico com as montanhas ao fundo. Os telhados dourados e o emblema chamado *dharma chakra* (roda de religião), sustentado a cada lado por dois veados de cobre e ouro, além de acrescentar cor à paisagem, emprestava uma atmosfera de santidade a toda a vizinhança. Bandeiras de prece nos telhados de todas as casas do povoado realçavam esse clima de espiritualidade.

Taktser era uma comunidade agropastoril e seus habitantes se alimentavam basicamente de farinha de trigo e *tsampa* – uma comida à base de cevada –, além de carne e manteiga. Suas bebidas eram chá amanteigado e uma cerveja chamada *chhang*, feita à base de cevada. Existem diferentes opiniões entre os budistas acerca do consumo de carne, mas tratava-se de uma necessidade para quase todos os tibetanos. Na maior parte do Tibet o clima era rigoroso, e, embora a comida fosse abundante, sua variedade era muito limitada, o que fazia com que fosse impossível manter-se saudável sem comer carne – costume anterior à chegada do budismo no país. Os tibetanos consideravam pecado matar qualquer animal, por qualquer motivo que fosse, mas não consideravam pecado ir ao mercado e comprar a carne de um animal que já estivesse morto. Os açougueiros que abatiam os animais eram considerados pecadores e desclassificados.

A cevada e o trigo excedentes de Taktser eram vendidos nas cidades mais próximas – Kumbum e Sining – em troca de chá, açúcar, tecidos de algodão, adornos e utensílios de ferro. As pessoas usavam roupas tipicamente tibetanas: os homens, gorros de pele, botas de couro de cano alto e capotes de formas variadas. As mulheres usavam longos vestidos de lã sem mangas com blusas vistosas de algodão ou seda e, em ocasiões especiais, colocavam ornamentos nos cabelos que desciam pelas costas até a cintura. No inverno todos usavam casacos de pele e roupas com forros grossos de feltro. Como as mulheres de qualquer parte do mundo, as mulheres de Taktser apreciavam jóias e pedras preciosas, mas o maior orgulho dos homens do povoado vinha do fato de as mulheres serem excelentes cozinheiras.

Havia muitos outros mosteiros e templos nos arredores, onde qualquer um podia rezar e fazer suas oferendas – fosse monge ou não. Na verdade, toda a vida do lugar era baseada em sua religião. Dificilmente haveria alguém, no Tibet inteiro, que não fosse um budista fiel. Até mesmo as crianças, quando mal sabiam falar, gostavam de visitar os locais onde os emblemas das Três Jóias – Buddha, Dharma e Sanga – eram guardados. As crianças brincavam também de construir templos de barro, colocando oferendas diante deles e fazendo gestos de devoção que pareciam conhecer por instinto, sem que ninguém lhes ensinasse. Todos, ricos ou pobres (à exceção de alguns miseráveis), gastavam toda a sua renda excedente – depois de suprirem as necessidades físicas da vida – construindo monumentos religiosos, dando sua contribuição aos templos, doando oferendas às Três Jóias, fazendo caridade aos pobres e salvando a vida de animais, comprando-os dos açougueiros.

Chefes de família abastados sempre tinham um santuário em suas casas, onde muitos monges faziam refeições em troca de preces perpétuas. Às vezes essas pessoas recebiam centenas de monges para a recitação, por vários dias consecutivos, de textos sagrados: remuneravam-nos e os alimentavam bem por esse serviço. Até mesmo as pessoas muito pobres tinham um pequeno altar e uma imagem do Senhor Buda em suas cabanas, onde lamparinas de manteiga permaneciam sempre acesas.

A população de Dokham, em sua maioria, era de boa estatura, forte, resistente e corajosa por natureza. A essas qualidades acrescentava-se a bondade, proveniente de sua fé. Humildade, caridade, temperança, benevolência, afeição e consideração por todos os outros seres eram as virtudes incentivadas por suas crenças. Em nosso povoado havia o costume da ajuda mútua, sempre que uma família estivesse precisando de auxílio ou passando por qualquer dificuldade.

Foi entre essas pessoas afáveis que eu nasci, numa família de pura origem tibetana, cujos antepassados vieram do Tibet Central. Como eles se estabeleceram na região leste do Tibet é uma história simples. Há centenas de anos, no reinado de Mangsong Mangsten, uma tropa do exército tibetano posicionou-se no nordeste do Tibet para proteger as fronteiras. Na nossa região de Dokham acampou uma guarnição de Phempo, que fica no Tibet Central. Segundo a tradição familiar, meus antepassados vieram com essa guarnição. Em nosso dialeto familiar ainda usávamos muitas palavras oriundas do distrito de Phempo.

Com exceção das duas últimas gerações, um membro de minha família foi sempre o chefe de nosso povoado, com o título de Chhija Nangso: *Chhija* era o nome do lugar e *Nangso* significa "sentinela interior". Sempre me senti feliz por ter vindo de uma família humilde de camponeses. Deixei meu povoado ainda muito jovem, mas anos depois, quando voltava da China, fiz uma rápida visita a Taktser e não pude deixar de sentir orgulho quando vi meu povoado e minha casa. Sempre achei que, se tivesse nascido em uma família rica ou aristocrática, não teria sido capaz de entrar em sintonia com os sentimentos e emoções dos tibetanos das classes mais humildes. Mas, graças à minha origem inferior, posso compreendê-los, ler em suas mentes, o que gera em mim extrema solidariedade e afeto por eles e faz com que eu tente ao máximo melhorar sua sorte nesta vida.

Nossa família era grande: duas irmãs e quatro irmãos, com uma grande diferença de idade entre nós. Minha mãe teve dezesseis filhos, mas nove morreram ainda muito novos. A família toda era unida pelos mais fortes laços de amor e bondade. Meu pai era um homem cuja extrema bondade convivia com um temperamento um tanto irascível, mas sua irritação nunca durava muito. Não era especialmente alto ou forte, nem estudara muito, mas era dotado de brilho e inteligência naturais. Tinha uma especial afeição por cavalos e costumava cavalgar bastante, possuindo o dom de escolher bons cavalos e de curá-los quando ficavam doentes. Minha mãe é uma pessoa bondosa, amorosa. Ela se importa com qualquer pessoa e cede com prazer seu próprio prato de comida a quem estiver com fome, mesmo que fique faminta. Embora muito suave, sempre comandou a família. É também adaptável e previdente. Depois de a minha posse ter aberto novas possibilidades para a família, ela se empenhou especialmente para que seus outros filhos recebessem uma educação adequada.

Nosso sustento vinha principalmente da agricultura, embora também criássemos gado e cavalos e cultivássemos verduras na horta. Normalmente tínhamos cinco pessoas trabalhando em nossa fazenda e grande parte do trabalho era feito pela família. Nas épocas de semeadura e colheita, contratávamos por alguns dias entre quinze e quarenta homens que eram pagos com mercadorias. Quando minha mãe saía para trabalhar no campo e eu ainda era um bebê, ela me carregava nas costas e me deixava dormindo num canto da plantação sob um guarda-sol amarrado a uma estaca.

Nossa casa era uma construção quadrada com um pátio no meio. Tinha um só andar, sendo a parte mais baixa construída em pedra e a mais alta, em barro. Os beirais do telhado plano eram revestidos de ladrilhos turquesa. O portão principal, voltado para o sul, na direção de Ami-chiri, tinha sua parte superior decorada com lanças e bandeiras à maneira tradicional do Tibet. Bandeiras de prece tremulavam no topo de um grande mastro no meio do pátio. Nos fundos da casa havia um quintal onde ficavam nossos cavalos, jumentos e gado, e em frente ao portão um cão tibetano protegia a casa, contra intrusos, amarrado a um poste.

O gado era composto de oito vacas e sete *dzomos*, que é o cruzamento do iaque com a vaca. (A palavra *iaque* refere-se somente ao macho, como a palavra *touro*. A fêmea do iaque é chamada de *dri.)* Minha mãe costumava ordenhar as *dzomos* e, logo que aprendi a andar, habituei-me a segui-la ao estábulo, com minha tigela entre as dobras da bata, para tomar o leite morno das *dzomos*. Havia também galinhas, e eu tinha licença para entrar no galinheiro e recolher os ovos. Esta deve ser uma das minhas lembranças mais remotas. Eu me lembro de subir até um dos ninhos e lá ficar sentado cacarejando como uma galinha.

A vida de nossa família era simples, mas muito feliz. Muito desse contentamento devia-se a Thupten Gyatso, o Décimo Terceiro Dalai-Lama, que foi por muitos anos o governante espiritual e temporal do Tibet. Durante seu governo, ele esclareceu e definiu o *status* do Tibet como nação independente e conseguiu melhorar bastante as condições de vida do povo. O distrito oriental onde vivíamos estava sob o domínio secular da China, mas o Dalai-Lama era seu líder espiritual e, como residira ali por quase um ano, a população local esteve sob sua influência direta. Em uma declaração dirigida a todo o seu povo, ele disse: "Depois que assumi as tarefas da administração espiritual e secular, não tive mais lazer, nem tempo para entretenimentos. Dia e noite, refleti com ansiedade sobre problemas da religião e do Estado, de modo a decidir sobre o melhor caminho para ambos. Eu devia levar em conta o bem-estar dos camponeses, qual a melhor forma de eliminar suas tristezas e como abrir as três portas da Presteza, da Imparcialidade e da Justiça."

A devoção do Dalai-Lama trouxe para o povo do Tibet um longo período de paz e prosperidade. Ele próprio disse: "Desde o Ano do Touro das Águas até o presente Ano do

Macaco das Águas, esta terra do Tibet tem sido feliz e próspera. É como uma terra renovada. Todas as pessoas estão tranqüilas e felizes."

Mas no Ano do Pássaro das Águas, isto é, em 1933, Thupten Gyatso partiu deste mundo, deixando o povo do Tibet desolado. Meu pai, que soubera da triste notícia no grande mosteiro de Kubum, a trouxe para o nosso povoado. O Décimo Terceiro Dalai-Lama havia feito tanto pela paz e pelo bem-estar do país, que o povo do Tibet resolveu erguer um magnífico mausoléu dourado como testemunho de sua homenagem e respeito. De acordo com o antigo costume, esse túmulo grandioso foi construído dentro do Palácio Potala, em Lhasa, a capital do Tibet.

Com o falecimento do Décimo Terceiro Dalai-Lama, começou imediatamente a busca por sua reencarnação, pois cada Dalai-Lama é a reencarnação de seu antecessor. O primeiro, nascido no ano de 1391 da era cristã, era uma encarnação de Chenresi, o Buda da Misericórdia, que fez um voto de proteger todos os seres vivos.

Antes de mais nada, um regente deveria ser indicado pela Assembléia Nacional para governar o país até que a nova reencarnação fosse encontrada e atingisse a maturidade. Depois, de acordo com costumes e tradições consagradas pelo tempo, os oráculos do Estado e lamas de grande sabedoria eram consultados – como primeiro passo para achar o lugar onde a reencarnação apareceria. Curiosas formações de nuvens foram vistas a nordeste de Lhasa. Foi lembrado que, depois da morte do Dalai-Lama, seu corpo fora colocado sentado e voltado para o sul em um trono em Norbulingka, sua residência de verão em Lhasa. Mas, após alguns dias, verificou-se que seu rosto se voltara para o leste. E numa coluna de madeira que ficava no lado nordeste do sacrário onde jazia o corpo apareceu subitamente um fungo em forma de estrela. Tudo isso, além de outras evidências, indicava a direção onde o novo Dalai-Lama deveria ser procurado.

Depois disso, em 1935, Ano do Porco Selvagem tibetano, o regente foi ao lago sagrado de Lhamoi Latso, em Chokhorgyal, cerca de cento e quarenta quilômetros a sudeste de Lhasa. O povo do Tibet acredita que visões do futuro podem ser vistas nas águas desse lago. Há muitos lagos sagrados no Tibet, mas Lhamoi Latso é o mais famoso de todos. Dizem que às vezes as visões aparecem em forma de letras, e outras, sob a forma de imagens de lugares e futuros acontecimentos. Vários dias foram dedicados a preces e meditações, e então o regente teve uma visão de três letras tibetanas – *Ah, Ka* e *Ma* – seguidas pela imagem de um mosteiro de telhado verde-jade e dourado e uma casa com azulejos turquesa. Uma descrição detalhada dessas visões foi escrita e mantida sob absoluto segredo.

No ano seguinte, lamas graduados e dignitários foram enviados por todo o Tibet, levando consigo os segredos das visões, para procurar o lugar que o regente vira nas águas.

Os sábios que se dirigiram para o leste chegaram em nossa região de Dokham no inverno e observaram os telhados verdes e dourados do mosteiro de Kumbum. No povoado de Taktser repararam de imediato numa casa com azulejos turquesa. O líder perguntou se a família que ali morava tinha filhos, e lhe disseram que tinham um filho com quase dois anos.

Ao ouvirem essa informação significativa, dois membros da comitiva dirigiram-se, disfarçados, à casa, juntamente com um criado e dois funcionários monásticos locais que lhes serviam de guias. Um jovem funcionário monástico da comitiva principal, que se chamava Losang Tsewang, fingia ser o líder, ao passo que o verdadeiro líder, o Lama Kewtsang Rinpoché, do mosteiro de Sera, vestia-se com roupas pobres e agia como um criado. No portão, os desconhecidos foram recebidos por meus pais, que convidaram Losang a entrar na casa, acreditando ser ele o mestre, enquanto que o Lama e os demais eram recebidos nas acomodações dos criados. Lá estava o menino da família, que, assim que viu o lama, andou até ele e pediu para sentar em seu colo. O lama vestia uma capa forrada de pele de carneiro e ao pescoço trazia um rosário que pertencera ao Décimo Terceiro Dalai-Lama. O pequeno pareceu reconhecer o rosário e o pediu para si. O lama prometeu que o rosário lhe seria dado se ele fosse capaz de adivinhar quem ele, lama, era. O menino respondeu que ele era *Sera-aga*, que significava, no dialeto local, "um lama de Sera". O lama perguntou quem era o mestre, e o menino pronunciou o nome Losang. Ele sabia também o nome do verdadeiro criado, que era Amdo Kasang.

O lama passou o dia inteiro observando o menino com crescente interesse, até a hora em que a criança foi para a cama. A comitiva toda pernoitou na casa e, na manhã seguinte, quando se preparava para partir, o menino levantou-se e insistiu em ir com eles.

Esse menino era eu.

▪ ▪ ▪

Até então, meus pais não haviam desconfiado da verdadeira missão dos viajantes que acolheram. Porém, alguns dias depois, a comitiva completa de lamas graduados e altos dignitários empenhados na busca veio à nossa casa em Taktser.

Ao verem o numeroso grupo de distintos visitantes, meus pais compreenderam que eu poderia ser uma reencarnação, pois há muitos lamas encarnados no Tibet, e meu irmão mais velho já havia provado ser um deles. Um lama encarnado morrera pouco tempo antes no mosteiro de Kumbum, de modo que meus pais pensaram que os visitantes pudessem estar à procura de sua reencarnação. Em nenhum momento lhes ocorreu que eu pudesse ser a reencarnação do próprio Dalai-Lama.

É comum crianças que são reencarnações lembrarem-se de objetos e pessoas de suas vidas passadas. Algumas são capazes de recitar as escrituras, mesmo sem conhecê-las. Tudo o que eu dissera ao lama em sua primeira visita indicou-lhe a possibilidade de que houvesse finalmente encontrado a reencarnação que procurava. A comitiva voltou para fazer novos testes. Trouxeram consigo dois rosários pretos idênticos, um dos quais pertencera ao Décimo Terceiro Dalai-Lama. Quando me ofereceram os rosários, peguei o que havia sido dele e – assim me contaram – coloquei-o em volta do pescoço. O mesmo teste foi feito com dois rosários amarelos. Depois me ofereceram dois tambores: um bem pequeno, usado pelo Dalai-Lama para chamar seus assistentes, e um maior e bem mais ornamentado e atraente, com alças douradas. Escolhi o tambor pequeno e me pus a tocá-lo da maneira como os tambores são tocados durante as preces. Por fim, trouxeram duas bengalas. Eu estendi a mão para a bengala errada, depois parei e fiquei olhando para ela por algum tempo. Em seguida peguei a outra, que pertencera ao Dalai-Lama, e segurei-a em minha mão. Estranharam minha hesitação, mas descobriram mais tarde que a primeira bengala também havia sido usada em certa época pelo Dalai-

Lama e que ele a dera a um lama, que, por sua vez, a presenteara a Kewtsang Rinpoché.

Depois desses testes ficaram ainda mais convencidos de que a reencarnação havia sido encontrada e sua convicção foi reforçada pela visão das três letras que o regente tivera no lago. Eles acreditavam que a primeira letra, *Ah*, representava a palavra Amdo, que era o nome do distrito onde morávamos. *Ka* poderia representar Kumbum, que era um dos maiores mosteiros dos arredores e aquele que o regente contemplara em sua visão. Ou talvez as duas letras *Ka* e *Ma* poderiam significar o mosteiro de Karma Rolpai Dorje, localizado na montanha acima do povoado.

Eles também consideraram significativo o fato de, alguns anos antes, o Décimo Terceiro Dalai-Lama ter se hospedado no mosteiro de Karma Rolpai Dorje ao voltar de uma viagem à China. Ele fora saudado pelo lama encarnado do mosteiro e recebera homenagens e reverências das pessoas do povoado, entre as quais meu pai, que tinha nove anos na época. Foi também lembrado que o Dalai-Lama deixara um par de botas no mosteiro. Ele contemplara durante algum tempo a casa onde eu nasci e afirmara que aquele era um belo lugar.

Levando em consideração todos esses fatos, a comitiva de busca ficou absolutamente convencida de que a reencarnação havia sido descoberta. Informaram por telegrama todos os detalhes a Lhasa e pela mesma via chegou a ordem para que eu fosse levado imediatamente à Cidade Sagrada.

No entanto, como a região nordeste do Tibet onde vivíamos estava àquela época sob controle chinês, era obrigatório que o governador chinês fosse consultado em primeiro lugar. A comitiva de busca disse-lhe que tinha vindo procurar o novo

Dalai-Lama e pediu seu apoio para levarem possíveis candidatos até Lhasa. Não contaram que acreditavam ter feito a escolha final temendo que ele pudesse criar dificuldades.

E, de fato, não houve resposta. Por duas vezes o governador convocou todos os meninos que haviam sido considerados e, embora fosse muçulmano, decidiu fazer seu próprio teste. Foi um teste muito simples. Ele ofereceu uma caixa de balas a todos nós. Alguns dos meninos estavam muito assustados para pegar uma bala sequer, outros foram tão gulosos que encheram a mão de balas, mas eu, segundo me disseram, peguei uma bala e a comi discretamente. Isso, além de umas poucas perguntas, convenceu-o de que eu era a escolha mais provável, pois mandou todas as outras crianças para suas casas, presenteando cada uma com um rolo de tecido para seus pais. Ordenou então aos meus pais que me levassem ao mosteiro de Kumbum e lá me deixassem a cargo de meu irmão – que já era um estudante monástico.

Consta que o governador exigiu então um resgate de cem mil dólares chineses dos representantes do governo tibetano para deixar que eu partisse. Era uma quantia muito alta e ele não tinha qualquer direito de reivindicá-la. Quando o dinheiro lhe foi entregue, ele pediu mais trezentos mil. Os representantes do governo argumentaram que não havia certeza de que eu fosse realmente a reencarnação e disseram haver outros candidatos de outras partes do Tibet. Eles temiam que o governador, ao julgar que eu iria ser aceito como o Dalai-Lama, subiria seu preço ainda mais, causando um atraso maior. Temeram também que o governo chinês aproveitasse a oportunidade para exigir algum tipo de autoridade sobre o Tibet.

Essas dificuldades tinham que ser encaminhadas a Lhasa.

Parecia insensato discuti-las por meio de telegramas que passariam obrigatoriamente através da China – por isso as mensagens eram entregues em mãos na capital. A resposta demorou vários meses e ao todo quase dois anos se passaram desde o início da busca até o fim das negociações com o governador.

Durante todo esse tempo foi mantido sigilo absoluto sobre o assunto não apenas por receio daquilo que o governador chinês pudesse fazer, mas porque a descoberta não havia sido submetida à consideração da Assembléia Nacional do Tibet para aceitação oficial. Nem mesmo meus pais foram comunicados da firme convicção da comitiva de busca e, durante o longo período de espera, eles jamais suspeitaram que eu pudesse ser a reencarnação do mais graduado de todos os lamas. Depois que cresci, no entanto, minha mãe me contou que houvera sinais anteriores de um destino extraordinário para mim. Existe uma superstição, bastante difundida no Tibet, que diz que, antes do renascimento de um graduado lama encarnado, seu distrito natal irá sofrer. Durante os quatro anos anteriores ao meu nascimento, as colheitas em Taktser foram desastrosas, quer devido a chuvas de granizo que destruíram o milho maduro, quer devido à seca. Isso fez com que os habitantes do povoado começassem a dizer que uma encarnação deveria estar para nascer entre eles. Minha família, particularmente, enfrentou tempos difíceis. Grande parte do nosso rebanho, um dos poucos bens valiosos que possuíamos, morreu sem que meu pai conseguisse descobrir o motivo. E durante alguns meses antes de meu nascimento meu pai esteve gravemente enfermo, incapaz de se levantar da cama. No entanto, na manhã do dia em que nasci, ele se levantou, sentindo-se perfeitamente bem, ofereceu preces e encheu de manteiga as lamparinas que sempre luziam no altar de nossa casa. Minha mãe tem lembrança do quanto se sentiu irritada com esse episódio, pensando que ele ficara na cama por indolência. Mas meu pai garantiu que estava realmente enfermo e que agora se sentia curado. Quando minha mãe lhe falou "É um menino", ele disse apenas: "Ótimo. Gostaria de fazer dele um monge."

Enquanto as discussões com o governador prosseguiam, fui deixado no mosteiro. Eu tinha três anos e, naturalmente, no início fiquei muito triste por me separarem de meus pais. Além de meu irmão mais velho Thubten Jigme Norbu, meu terceiro irmão Losang Samten, então com cinco anos, também estava lá, mas suas aulas haviam começado e, enquanto ele ficava com seu tutor, eu não tinha ninguém com quem brincar. Ainda me lembro de esperar impacientemente do lado de fora de sua sala de aula e de, às vezes, espionar por trás da cortina no portal, buscando chamar sua atenção, sem deixar que seu tutor me visse. Mas o tutor era severo e Samten nada podia fazer.

Um tio nosso também estava lá e sinto muito dizer que Samten e eu cultivávamos uma antipatia infantil por ele – principalmente, penso eu, por causa de seu rosto escuro cheio de manchas, da barba hirsuta e preta (o que é raro entre os tibetanos) e do bigode que ele alisava cuidadosamente com freqüentes aplicações de gordura. Além disso, ele estava quase sempre zangado conosco – provavelmente com alguma razão. Lembro-me de seu rosário excepcionalmente grande e pomposo, com contas bem escurecidas pelo uso constante. E lembro-me especialmente de sua coleção de escrituras em folhas soltas, pois certa vez tentei examiná-las e misturei-as todas, recebendo em troco sonoros tapas daquele tio zangado. Quando esse tipo de coisa acontecia, Samten e eu fugíamos e nos escondíamos, deixando o tio à nossa procura por horas a fio. Não tínhamos noção da intensa aflição que isso lhe devia causar, em vista do valor que o governador colocara em mim. Mas essas travessuras mostravam-se eficazes, pois quando nos descobria ele abria negociações visando a um melhor relacionamento no futuro e, se tivéssemos sorte, ele nos pacificava com balas – que nunca oferecia quando nos comportávamos bem.

No todo foi uma fase solitária e bastante infeliz da minha infância. Às vezes o tutor de Samten me punha no colo, me envolvia em seu hábito e me dava frutas secas. Esta é uma das poucas fontes de conforto de que me lembro. Minha irmã se lembra que um dos meus passatempos solitários era brincar de preparativos de viagem: fazer trouxas e com elas partir num cavalinho de pau.

Mas finalmente, no começo do sexto mês do Ano da Lebre da Terra, correspondente a 1939, chegou a hora de minha viagem real ter início. Os representantes do governo não conseguiram levantar os trezentos mil dólares em dinheiro, mas felizmente havia alguns mercadores chineses muçulmanos que queriam ir a Lhasa como primeira etapa de sua peregrinação a Meca que concordaram em emprestar o dinheiro que faltava, com a promessa de que lhes seria restituído em Lhasa. Nessa altura, o governador chinês concordou em me deixar partir com a condição de que um funcionário graduado ficasse como refém de uma coleção de escrituras manuscritas em ouro e de um conjunto de roupas do Décimo Terceiro Dalai-Lama que ele exigia fossem enviados a Kumbum se eu chegasse em segurança a Lhasa. Foi feito o acordo, mas fico algo feliz em dizer que, após minha chegada a Lhasa, houve um distúrbio político em Dokham durante o qual o refém conseguiu fugir e chegar, ele também, a Lhasa em segurança.

Partimos uma semana após meu quarto aniversário, numa viagem que deveria durar três meses e treze dias. Para meus pais foi triste deixar para trás Taktser, sua casa, sua fazenda e seus amigos, sem saber o que o futuro nos reservava. Havia aproximadamente cinqüenta pessoas e trezentos e cinqüenta cavalos e jumentos na partida da caravana, incluindo os membros da comitiva de busca, minha própria família e o grupo de muçulmanos cuja peregrinação seria ainda mais longa. Meus pais levaram dois dos meus irmãos mais velhos – Gyelo Thondup, de nove anos, e Losang Samten, de seis. Não havia carroças ou coches com rodas no Tibet, nem estradas para esses veículos. Samten e eu fomos num coche chamado *treljam*, que é preso a dois paus e apoiado no lombo de dois jumentos. Nas partes acidentadas e perigosas do caminho, os membros da comitiva de busca revezavam-se para me carregar. Viajávamos apenas entre o amanhecer e o meio-dia, como é costume no Tibet. À noite acampávamos em tendas, pois havia pouquíssimas casas pelo caminho. No início da viagem, durante algumas semanas, não vimos ninguém, com exceção de alguns nômades que vieram me pedir que os abençoasse.

Assim que fiquei a salvo, fora do controle chinês, a Assembléia Nacional foi convocada em Lhasa para decidir sobre uma proclamação. Foi apresentado à Assembléia um relatório detalhado onde constavam as visões do regente, os testes a que fui submetido com sucesso e as indicações deixadas pelo Décimo Terceiro Dalai-Lama do lugar onde queria renascer. Explicou-se também que a busca e a investigação foram feitas de acordo com as recomendações dos principais oráculos e lamas. Assim, finalmente, a Assembléia confirmou por unanimidade que eu era a reencarnação do Dalai-Lama e funcionários superiores foram enviados para juntarem-se a mim no caminho.

Encontramos o primeiro desses funcionários à beira do rio Thutopchu, depois de quase três meses de viagem. Ele trazia consigo dez homens e cem fardos de provisões, além de quatro canoas de couro para que pudéssemos atravessar o rio com nossas provisões. A partir daí a caravana começou a aumentar.

Alguns dias mais tarde, cruzamos um desfiladeiro chamado Tra-tsang-la e chegamos à cidade de Bumchen, que distava de Lhasa quinze dias de caminhada. Lá, fomos recebidos por outro emissário do governo, que não apenas me fez o oferecimento de *écharpes*, símbolo universal de saúdação no Tibet, como também do *Mendel Tensum*, uma oferenda tripla de reverência e homenagem. Foi neste momento que meu pai e minha mãe tiveram certeza de que seu filho mais novo era a reencarnação do Dalai-Lama e sentiram uma imensa alegria, admiração, gratidão e, por um momento, incredulidade – a natural relutância em acreditar nas notícias especialmente boas.

Um pouco adiante, a dez dias de Lhasa, encontramos uma comitiva de cerca de cem homens e ainda mais cavalos e jumentos. O grupo era liderado por um ministro do Gabinete tibetano e incluía muitas autoridades e representantes dos três mais importantes mosteiros de Lhasa. Todos me ofereceram as tradicionais *écharpes* e o *Mendel Tensum.* Haviam trazido consigo uma proclamação, emitida com a autoridade do regente, do Gabinete e da Assembléia Nacional do Tibet, declarando ser eu o Décimo Quarto Dalai-Lama. Despi, então, minhas roupas de camponês e fui vestido com o hábito monástico. Assessores do cerimonial foram colocados a meu dispor e daí em diante fui carregado em um palanquim dourado que nós, tibetanos, chamamos *phebjam.*

Desse ponto o cortejo prosseguiu numa escala mais grandiosa. Em cada cidade ou povoado por que passávamos, encontrávamos procissões de lamas e monges carregando emblemas e ornamentações. Os habitantes desses lugares juntavam-se também às procissões, enquanto soavam cornetas, flautas, tambores e címbalos, e nuvens de fumaça subiam dos queimadores de incenso. Todos, leigos ou monges, vestiam suas melhores roupas e, enquanto eu passava, a multidão me saudava com as mãos juntas e um sorriso feliz nas faces. Sentado em meu palanquim, lembro-me de ver pessoas chorando de alegria. Músicas e danças me acompanhavam por toda parte.

A localidade importante em seguida foi Dum Uma Thang. Lá, fui recebido pelo regente e pelo abade oficial do Tibet, e fizemos uma pausa na viagem, ficando por três dias no mosteiro de Rating. Mas a recepção oficial só atingiu seu clímax quando chegamos a Döguthang. Ali se apresentaram para me saudar todas as demais autoridades graduadas: o primeiro-ministro, os membros do Gabinete e os principais abades dos mosteiros de Drepung, Sera e Gaden – os três pilares do budismo no Tibet. Lá, fui saudado também pelo Sr. Hugh Richardson, chefe da missão britânica em Lhasa. Estávamos então bem próximos a Lhasa e um pouco adiante juntaram-se a nós os representantes do Butão, do Nepal e da China. Nesse ponto, nosso cortejo era enorme, e prosseguimos numa longa procissão rumo à Cidade Sagrada. Nos dois lados do caminho, milhares de monges se postavam em fileiras, carregando estandartes coloridos. Vários grupos tocavam instrumentos e cantavam canções de boas-vindas. Os soldados de todos os regimentos do exército tibetano estavam perfilados para me apresentar as armas. Toda a população de Lhasa, homens e mulheres, velhos e jovens, com suas melhores roupas, juntou-se para me dar boas-vindas e me homenagear. Enquanto me viam passar, podia ouvi-los exclamar: "O dia da nossa felicidade chegou." Senti-me como se vivesse um sonho: era como se estivesse num vasto parque coberto de lindas flores, onde sopravam brisas suaves e pavões dançavam elegantemente diante de mim. Havia um inesquecível aroma de flores silvestres e uma clima de liberdade e felicidade no ar. Eu ainda não havia acordado desse sonho quando chegamos à cidade. Levaram-me ao templo, onde fiz humildes reverências ante as imagens sagradas. Em seguida, a procissão dirigiu-se ao Norbulingka, a residência de verão do Dalai-Lama e fui conduzido, ainda sonhando, aos magníficos aposentos do meu antecessor.

Já fora decidido que a cerimônia do *Sitringasol* seria realizada logo após a minha chegada. Esta foi a solenidade de minha entronização no Trono do Leão. Aquele era o décimo quarto dia do primeiro mês do Ano do Dragão de Ferro, correspondente ao ano de 1940. A data fora marcada pelo regente, em consulta à Assembléia Nacional, de acordo com as recomendações dos astrólogos do Estado. Telegramas haviam sido enviados ao governo da China, ao governo britânico da Índia, ao rei do Nepal e aos marajás do Butão e do Sikkim, informando-lhes a data da entronização.

A cerimônia realizou-se no *Si-Shi-Phuntsok* (o Salão de Todas as Boas Ações dos Mundos Espiritual e Temporal), na ala leste do Palácio de Potala. Ali estavam reunidos os representantes diplomáticos dos países vizinhos, funcionários do governo tibetano (tanto leigos quanto monásticos), lamas encarnados, abades e abades assistentes dos três mosteiros de Drepung, Sera e Gaden, e os membros de minha família. Ao entrar no salão, fui recebido pelo regente, que era meu tutor sênior, e pelo meu tutor júnior, pelos membros do Gabinete, pelo abade oficial chefe e pelo ecônomo sênior. Também estavam presentes o Mestre dos Hábitos, o Mestre das Cerimônias Religiosas, o Mestre da Mesa e outros, representando as antigas regiões do Tibet. Todos os presentes se levantaram à minha entrada, e fui escoltado até o Trono do Leão pelo abade-chefe e pelo membro mais velho do Gabinete, enquanto o ecônomo sênior liderava o séquito.

O *Sengtri* (o Trono do Leão) foi preparado de acordo com as instruções das escrituras tibetanas. Era quadrado e feito de madeira folheada a ouro, sustentado por oito leões – dois em cada canto –, também esculpidos em madeira. Havia nele quatro almofadas quadradas, cada uma forrada em brocado de cor diferente, de modo que sua altura atingia cerca de dois metros. Sobre uma mesa à frente estavam dispostos todos os selos do cargo do Dalai-Lama.

A cerimônia começou com a entoação de preces especiais por um grupo de monges que vivia no Potala e era especialmente incumbido de acompanhar o Dalai-Lama a todas as cerimônias religiosas. Esses monges também fizeram oferendas de símbolos auspiciosos, entoando preces indicadoras de sua importância.

Então o regente se aproximou e apresentou-me o *Mendel Tensum*. Sua essência eram três oferendas simbólicas: uma imagem em ouro do Buda da Vida Eterna, um livro de escrituras referente a este mesmo Buda e um pequeno *chöten* – miniatura do tipo tradicional de memorial que é familiar aos viajantes no Tibet. Significavam um apelo a mim para que vivesse uma vida longa, para que elucidasse nossa religião e tivesse pensamentos iguais aos dos Budas.

Então, o regente, meu tutor júnior e o primeiro-ministro ofereceram-me *écharpes*. Eu abençoei o regente e meu tutor tocando suas testas com a minha. Abençoei o primeiro-ministro, que era um leigo, tocando sua cabeça com minhas duas mãos.

Em seguida, o ecônomo sênior conduziu uma procissão de criados que me traziam *droma*, uma erva adocicada, em uma pequena xícara sobre um pires, ambos em ouro. Foi oferecida por outros criados a todos os presentes no salão. Servi-la faz parte de todas as cerimônias no Tibet, é um símbolo de boa sorte. Seguiu-se uma cerimônia em que foi oferecido chá (primeiramente a mim e depois a todos os demais) e arroz-doce. No decorrer dessas cerimônias de oferendas, dois eruditos dos mosteiros debatiam questões religiosas fundamentais. Terminado o debate, um grupo de meninos fez uma apresentação de mímica acompanhada de música. Depois, mais uma vez, debateram-se questões religiosas e, enquanto o debate prosseguia, foi disposta no centro do salão uma oferenda com frutas frescas e secas e bolos tibetanos conhecidos como *khabse.*

Então o regente ofereceu o *Mendel Tensum* em nome do governo do Tibet. Seguravam esse elaborado emblema do universo, de um lado, um membro do Gabinete e, do outro, o abade oficial. O regente explicou a importância da oferenda e anunciou que, após uma longa busca, com o apoio dos oráculos e dos lamas graduados, eu estava sendo empossado pelo governo e pelo povo do Tibet como o governante espiritual e temporal do Estado. Finalmente ele me pediu para viver uma vida longa em prol da prosperidade do povo do Tibet e da propagação da religião. Seguiu-se uma extensa procissão de funcionários, tanto leigos quanto monásticos, trazendo-me presentes do governo do Tibet. Houve então a oferenda da Roda de Ouro e da Concha Branca, os símbolos do poder espiritual e temporal. Depois vieram oito símbolos de prosperidade e felicidade e sete símbolos de realeza. A procissão terminou com uma coleção de outros presentes.

Chegou então minha vez de abençoar a assembléia. Os funcionários do governo tibetano foram os primeiros a serem abençoados ao modo espiritual. A seguir foi a vez dos representantes estrangeiros, que me presentearam com *écharpes.* Estas foram pessoalmente devolvidas por mim aos representantes de maior eminência, e pelo ecônomo, aos demais. Vários tipos de frutas que haviam sido colocadas diante de mim no centro do salão foram-me então oferecidas e depois distribuídas aos presentes. Seguiu-se outra apresentação de mímica. Depois disso, entrou uma procissão com pessoas usando máscaras e mantos representando os deuses e deusas dos oceanos e dos céus, entoando canções em louvor ao nosso país. Em seguida entraram quatro dançarinos mascarados representando os antigos Acharyas indianos, e dois monges graduados narraram os melhores anos da história do Tibet e de sua religião. Seguiu-se mais uma apresentação de mímica. A cerimônia terminou com dois monges recitando versos compostos por eles, orando por uma vida longa para o Dalai-Lama, pela vitória da religião em todo o mundo e pela paz e prosperidade de todos os seres sob a autoridade do governo do Dalai-Lama.

Eu dei bênçãos especiais a esses dois monges eruditos e lhes ofereci *écharpes* como agradecimento por seus versos.

Com isso, encerrou-se a cerimônia. Ela foi muito longa e fiquei sabendo que todos os presentes se sentiram satisfeitos em ver como, embora muito criança, eu tinha sido capaz de desempenhar meu papel com dignidade e tranqüilidade. De lá fui encaminhado ao *Phuntsok Doe-Khyel* (a Câmara das Boas Ações dos Desejos), onde me esperavam todas as autoridades que haviam me acompanhado ao salão da entronização. Todos os selos do meu cargo me foram apresentados e neste momento exerci meu primeiro ato simbólico de soberania: coloquei os selos em documentos transmitindo ordens aos mosteiros.

Assim, quando tinha quatro anos e meio, fui reconhecido oficialmente como o Décimo Quarto Dalai-Lama, o governante espiritual e temporal do Tibet. Para todos os tibetanos o futuro parecia feliz e seguro.

2

A Busca da Iluminação

Minha educação iniciou-se quando eu tinha seis anos e, como fui educado exclusivamente conforme o sistema tradicional do Tibet, devo explicar seus métodos e objetivos. Nosso sistema educacional mostrou-se eficaz, até agora, por manter um padrão moral e intelectual bastante alto entre os tibetanos, embora sua implantação remonte a muitos séculos. Pelos padrões modernos, ele peca por ignorar completamente o conhecimento científico dos últimos séculos, mas a razão disso, evidentemente, é que o Tibet se manteve totalmente isolado até há pouco tempo.

O objetivo básico do sistema educacional tibetano é expandir e cultivar a mente por meio de uma ampla variedade de conhecimentos. Para o padrão avançado da educação secular, o currículo inclui teatro, dança e música, astrologia, poesia e composição. Essas disciplinas são conhecidas no Tibet como as "cinco disciplinas menores". Elas não são privativas dos alunos leigos, pois os alunos que recebem educação religiosa podem também escolher uma ou mais delas, sendo que a maior parte escolhe astrologia e composição.

Na educação superior, o curso inclui a arte da cura, sânscrito, dialética, artes e ofícios, metafísica e filosofia da religião. Dessas "cinco disciplinas superiores", como são chamadas, a última é a mais importante e fundamental. Junto com a dialética, é dividida em quatro ramificações. Os nomes sânscritos destas são: *Prajnaparamita*, a Perfeição da Sabedoria, *Madhyamika*, o Caminho do Meio, que defende a evitação dos extremos, *Vinaya*, o Cânon da Disciplina Monástica, *Abhidharma*, Metafísica, e *Pramana*, Lógica e Dialética. Para ser mais exato, esta última não é exatamente uma das ramificações, mas está incluída nesses Cinco Grandes Tratados para enfatizar a importância da lógica no desenvolvimento dos poderes mentais. A parte tântrica do *Mahayana* não está incluída entre elas e é estudada separadamente.

Essa educação religiosa é buscada pelos monges do Tibet, principalmente. É um estudo profundo que exige esforço para a compreensão de seu difícil tema.

Além de ministrar informações aos alunos, o sistema tibetano dispõe de vários métodos para desenvolver suas faculdades mentais. Para começar, as crianças aprendem a ler e escrever imitando o professor. Para treinar a memória há cursos rigorosos para se aprender, de cor, as escrituras. O terceiro método, a explanação, utilizado em todo o mundo, é adotado em algumas de nossas faculdades monásticas. Muitos mosteiros, porém, preferem o método de discussões dialéticas entre aluno e professor, ou exclusivamente entre alunos. Por último, temos os métodos de meditação e concentração, usados especialmente para treinar a mente para o estudo avançado e a prática da religião.

Como a maioria das crianças, comecei aprendendo a ler e a escrever e senti o que suponho que os meninos da mesma idade geralmente sintam – uma certa relutância e alguma resistência. A idéia de estar preso a livros e à companhia de professores não era muito interessante. Apesar disso, quando me dei conta, estava fazendo minhas lições, para a satisfação de meus professores, e, à medida que me acostumava à rigidez dos estudos, meu progresso passou a ser considerado extraordinariamente rápido.

Há quatro variedades de escritas tibetanas. Nos dois primeiros anos aprendi com meus tutores a ler os caracteres usados para impressão – conhecidos como *U-chhen*. Ao mesmo tempo aprendia de cor um verso das escrituras por dia e passava mais uma hora lendo as escrituras. Então, quando fiz oito anos, comecei a aprender a forma comum de escrita tibetana, chamada de *U-me*. Quem me ensinou foi um velho companheiro, Khenrab Tenzin, que participara da comitiva de busca e voltara comigo de Dokham para Lhasa. Ele era um monge que trabalhava na administração, um homem extraordinário que tinha o dom especial de ensinar às crianças pequenas. Seguia o método que sempre se usa no Tibet – escrevia os caracteres tibetanos sem usar tinta, sobre uma pequena prancha de madeira coberta de pó de giz. Eu tinha então que escrever sobre os caracteres com tinta, começando com caracteres grandes e, mais tarde, à medida que progredia, com caracteres menores. Após algum tempo, comecei a copiar palavras que ele escrevia no alto da tábua. Por cerca de oito meses escrevi em tábuas de madeira para dominar a forma correta da caligrafia, e então Khenrab Tenzin passou a me deixar escrever em papel. Mais adiante, meu tutor júnior, Trijang Rinpoché, ensinou-me gramática e ortografia. Ao todo, passei cerca de cinco anos aprendendo a escrever tibetano. Isso se somava, evidentemente, ao meu estudo diário das escrituras, de manhã e à noite, pois o treinamento religioso era o principal objetivo de minha educação, e a leitura, a escrita e a gramática, apenas meios para atingir aquele fim.

Minha educação religiosa em discussão dialética só começou seriamente quando fiz doze anos. No começo não foi muito fácil, porque senti de novo uma certa resistência mental, mais intensa do que a experimentada seis anos antes. Mas logo as dificuldades desapareceram e os assuntos tornaram-se bem agradáveis. Eu tinha que estudar e aprender de cor os tratados sobre as "disciplinas superiores" e tomar parte em discussões em torno delas, por vezes debatendo com os mais eruditos sábios. Comecei com o *Prajnaparamita* (a Perfeição da Sabedoria). Existem mais de trinta volumes de comentários sobre esse tratado, e as universidades monásticas fazem sua própria escolha. Eu escolhi, além dos princípios fundamentais do tratado, dois de seus comentários, um deles do grande erudito indiano Singhabhadra, e o outro, com trezentas e duas páginas, do Quinto Dalai-Lama. Daí em diante eu devia decorar cerca de um terço de página por dia e ler e entender muito mais do que isso. Na mesma época, meu treinamento na arte da argumentação dialética começou com lógica elementar. Sete sábios eruditos das sete faculdades monásticas dos mosteiros de Drepung, Sera e Gaden foram selecionados para me ajudar nesse objetivo.

Quando eu tinha pouco mais de treze anos, no oitavo mês do Ano do Porco do Fogo, fui oficialmente admitido nos dois grandes mosteiros de Drepung e Sera. Nessa ocasião, eu tinha que participar de debates congregacionais nas cinco faculdades monásticas desses dois mosteiros. Foi a primeira vez em que tomei parte nas discussões dialéticas públicas sobre os Grandes Tratados e, naturalmente, fiquei acanhado, nervoso e um pouco preocupado. Meus oponentes eram abades eruditos, contestadores formidáveis nos debates, e os encontros eram freqüentados por centenas de dignitários religiosos, todos sábios, e milhares de monges. No entanto, os altos lamas disseram-me depois que eu me conduzira de acordo com suas expectativas.

Não vou pedir a todos os meus leitores de outras religiões que me acompanhem no aprofundamento do estudo do pensamento budista, pois o budismo é uma religião intelectual, e não emocional, e possui uma literatura de milhares de volumes, dos quais estudei centenas. No entanto, apresento uma breve explicação do budismo do Tibet no Apêndice deste livro. Devo confessar que, quando fui apresentado à metafísica e à filosofia logo após completar treze anos, esses estudos me debilitaram tanto que eu tinha uma sensação de atordoamento, como se minha cabeça tivesse sido atingida por uma pedra. Mas essa fase durou poucos dias e depois disso os novos estudos, como as primeiras disciplinas, tornaram-se mais simples e claros. "Nada permanece difícil depois que nos acostumamos", disse um vidente indiano, e eu bem pude constatar isso em minha educação. Uma a uma, outras disciplinas eram acrescentadas ao meu currículo e, à medida que eu prosseguia, encontrava cada vez menos dificuldade em aprender tudo o que me era exigido. Na verdade, comecei a sentir uma crescente necessidade investigativa de saber cada vez mais. Meus interesses ultrapassaram meus estudos prescritos, eu lia com satisfação capítulos avançados dos livros e queria que meus professores me ensinassem mais do que eu deveria aprender em minha idade.

Esse aumento do poder intelectual da pessoa está associado ao seu desenvolvimento espiritual. Em cada etapa do meu treinamento eu recebia a consagração da mente e do corpo como preparação para as doutrinas mais elevadas. Tive a primeira dessas iniciações aos oito anos e ela ainda está nítida em minha lembrança, assim como a sensação de paz e felicidade que me trouxe. Em cada uma dessas cerimônias eu podia sentir a experiência espiritual que esteve sempre associada a elas. Minha crença e a fé em minha religião se aprofundaram, e a convicção de que eu estava seguindo o caminho certo tornou-se mais firme em minha mente.

Por volta dos meus quinze anos, à medida que fui me acostumando a essas experiências, pude experimentar um sentimento crescente de gratidão ao Senhor Buda. Sentia também um imenso reconhecimento para com os professores, indianos em sua maioria, que deram aos tibetanos suas inestimáveis doutrinas religiosas, e para com os sábios tibetanos, que as interpretaram e preservaram em nossa língua. Comecei a pensar menos em mim mesmo e mais nos outros e me dei conta do conceito de compaixão.

Esse aspecto da elevação espiritual foi acompanhado no plano mental por um sentido de inteligência aprimorada, por um melhor poder de memória, maior habilidade em debates e maior autoconfiança.

Circunstâncias políticas e de outras naturezas, porém, não permitiram que eu levasse meus estudos adiante, como os sábios de grande talento e erudição que dedicam a vida inteira à busca do conhecimento religioso e da iluminação espiritual. Mas, por um período de treze anos, pude dedicar boa parte do meu tempo e atenção a esses estudos sérios, e aos vinte e quatro anos fiz os exames preliminares em cada uma das três universidades monásticas.

Esses exames têm sempre a forma de debates congregacionais. As regras de procedimento são simples, porém dignas. Cada aluno deve fazer frente a um grande número de oponentes, que escolhem qualquer assunto e qualquer matéria de discussão com que julguem poder derrotar o adversário. Todas as obras clássicas dos sábios indianos e tibetanos, assim como as palavras do Senhor Buda que constituem os Sutras, são citadas para refutar os argumentos do oponente. Em cada um dos meus exames preliminares tive que disputar em debates assim com quinze sábios graduados, três para cada um dos cinco tratados, e defender minha tese refutando seus argumentos. Então, eu devia me postar diante de dois abades muito cultos e iniciar uma discussão dialética sobre qualquer uma das cinco disciplinas principais. Em todos esses debates, uma enérgica gesticulação formal é utilizada para enfatizar cada ponto, de modo que as argumentações parecem batalhas intelectuais, o que na verdade são.

Um ano mais tarde fiz meu exame final durante o Festival Monlam, em Lhasa, quando milhares e milhares de monges vão à cidade para participar do grande festival budista de preces que se realiza no primeiro mês de cada ano. Esse exame foi realizado em três sessões. Pela manhã, fui submetido ao exame de *Pramana,* ou lógica, por trinta sábios, um por vez, numa discussão congregacional. À tarde, quinze sábios participaram como meus oponentes em um debate sobre *Madhyamika* (o Caminho do Meio) e *Prajnaparamita* (a Perfeição da Sabedoria). À noite havia trinta e cinco sábios para testar meus conhecimentos sobre *Vinaya,* o cânon da disciplina monástica, e *Abhidharma,* o estudo da metafísica. E em cada sessão centenas de lamas eruditos, com seus luminosos hábitos vermelhos e amarelos – entre eles meus próprios tutores, mostrando-se preocupados –, e milhares de monges sentavam-se no chão à nossa volta, ouvindo ansiosa e criticamente. Eu considerava esses exames extremamente difíceis, pelo esforço em me concentrar no assunto que estava sendo tratado e, ao mesmo tempo, pela rapidez que minhas respostas a quaisquer perguntas deveriam ter. Debates de várias horas pareciam durar apenas um instante. É evidente que eu me sentia orgulhoso e feliz por estar prestando os exames finais e por receber o grau de Mestre em Metafísica, após tantos anos estudando os grandes ensinamentos do Senhor Buda. Mas eu sabia como é incessante e interminável a necessidade que se tem de, continuamente, aprender até atingir os mais altos estágios de realização espiritual.

Esse tipo de treinamento religioso, a meu ver, traz à mente uma forma incomum de serenidade de espírito. O teste prático se dá quando surgem ocasiões de pesar ou sofrimento. A pessoa cuja mente estiver formada pelo estudo e prática da religião irá encarar essas circunstâncias com paciência e tolerância. A pessoa que não segue o caminho religioso poderá se abater com o impacto daquilo que considera uma desgraça e será capaz de sentir-se frustrada consigo mesma ou assumir atitudes que trarão infelicidade a outros. O humanitarismo e o verdadeiro amor a todos os seres só pode provir da interiorização do conteúdo da religião. Qualquer que seja o nome que se dê à religião, sua compreensão e prática são a essência de uma mente pacífica e, portanto, de um mundo pacífico. Não havendo paz na mente, não poderá haver paz no contato com outras pessoas e, conseqüentemente, não haverá relações pacíficas entre os indivíduos ou entre nações.

■ ■ ■

Acho necessário dar aqui uma breve explicação sobre nossas crenças e o significado de minha própria posição como o Dalai-Lama. Isso porque essas crenças tiveram uma profundíssima influência em tudo o que fiz e que nosso povo fez quando chegou a hora das dificuldades. Mas como é impossível descrever as complexidades da doutrina budista em poucas linhas, vou dar apenas indicações gerais, em consideração às pessoas que não estão familiarizadas com o budismo.

Nós acreditamos, com boas razões, que todos os seres das mais variadas formas (tanto animais quanto humanos) renascem após a morte. Em cada vida, a proporção de dor e alegria que cada um experimenta é determinada por suas ações, boas ou más, na vida anterior, embora se possa modificar essa proporção através de esforços na vida presente. Isto é conhecido como a Lei do Carma. Os seres podem ascender ou decair nos reinos de Kure, por exemplo, de animal para ser humano ou vice-versa. Finalmente, por virtude ou iluminação, eles atingirão o Nirvana, quando então param de renascer. No Nirvana há estágios de iluminação: o mais alto deles – a perfeição da iluminação – é o budato.

A crença no renascimento deve gerar um amor universal, pois todos os seres vivos e criaturas, no curso de suas inúmeras vidas, foram nossos queridos pais, filhos, irmãos, irmãs, amigos. E as virtudes que a nossa crença estimula são aquelas que se originam desse amor universal – tolerância, paciência, caridade, bondade e compaixão.

Encarnações são seres que atingiram um dos diversos estágios do Nirvana, ou atingiram o estágio mais alto anterior ao Nirvana – os Budas, Bodisatvas e Arahats. Eles são reencarnados para ajudar outros seres a alcançar o Nirvana. Ao fazerem isso, os Bodisatvas são igualmente ajudados a alcançar o budato, e os Arahats também chegam finalmente ao budato. Os Budas são reencarnados unicamente para ajudar a outros, uma vez que eles próprios já atingiram o mais alto de todos os níveis. Eles não são reencarnados por qualquer vontade própria ativa, pois esse tipo de processo mental ativo não tem lugar no Nirvana. Eles são reencarnados pelo desejo inato de ajudar os outros, através dos quais atingiram o budato. Suas reencarnações ocorrem sempre que as condições são propícias e isso não quer dizer que abandonem sua condição no Nirvana. É como os reflexos da Lua que podem ser vistos aqui na Terra, nos lagos plácidos e nos mares quando as condições o permitem, enquanto a Lua permanece em seu curso no céu. Assim como a Lua pode estar refletida em diversos lugares diferentes ao mesmo tempo, um Buda pode ser encarnado simultaneamente em muitos corpos diferentes. Todos esses seres encarnados, como já mencionei, podem influenciar, por seus próprios desejos em cada vida, o lugar e o tempo em que irão renascer, e após cada nascimento eles têm uma lembrança remanescente de sua vida anterior que permite que outros os identifiquem.

▪ ▪ ▪

Minha educação religiosa na infância demandou trabalho duro, mas minha vida não era só trabalho. Ouço dizer que algumas pessoas de outros países acreditam que os Dalai-Lamas eram quase prisioneiros no Palácio Potala. É verdade que eu não podia sair com muita freqüência, por causa de meus estudos. Mas não fui completamente isolado da vida familiar, pois foi construída uma casa para minha família entre o Potala e a cidade de Lhasa, e eu os via ao menos a cada mês ou seis semanas. Na verdade, eu via meu pai com muita freqüência, pois uma das cerimônias diárias menores (tanto no Potala quanto em Norbulingka – o palácio de verão) era a cerimônia matinal do chá, quando todos os monges da administração se reuniam para tomar seu primeiro chá – e tanto meu pai quanto eu estávamos quase sempre presentes a essa reunião. Apesar de as circunstâncias terem mudado, meu pai manteve seu interesse por cavalos. A primeira coisa que fazia todas as manhãs era sair para alimentar seus cavalos, e agora que tinha recursos dava-lhes ovos e chá para fortalecê-los. Quando eu estava no palácio de verão, onde ficam as estrebarias do Dalai-Lama, e meu pai ia até lá me visitar, acho que muitas vezes ele via meus cavalos antes de estar comigo.

Cerca de um ano depois de chegarmos a Lhasa, minha irmã mais velha juntou-se a nós, e meu irmão mais velho deixou o mosteiro em Kumbum e veio também para Lhasa, de modo que estávamos todos juntos novamente. Logo depois da chegada de minha irmã mais velha, nasceu minha irmã caçula e em seguida mais um menino. Todos nós tínhamos um carinho especial por esse menino. Eu fiquei encantado por ter um irmão mais novo, mas, para nossa profunda tristeza, ele morreu aos dois anos de idade. Foi, afinal, um pesar familiar para meus pais, que já haviam perdido tantos filhos – um pesar adicional. Mas aconteceu uma coisa curiosa quando esse meu irmão morreu. É costume no Tibet consultar-se os lamas e astrólogos e às vezes os oráculos antes de um funeral. Meus pais foram aconselhados na ocasião a não enterrar o corpo, mas preservá-lo, para que renascesse na mesma casa. Como prova disso, uma pequena marca deveria ser feita no corpo, uma untura com manteiga. Assim foi feito e, no seu devido tempo, minha mãe teve outro filho – o último. Quando este nasceu havia uma marca pálida exatamente no lugar onde a manteiga havia sido aplicada. Ele era o mesmo ser, nascido outra vez em um novo corpo para começar novamente sua vida.

Eu poderia ter tido alguma participação em todos esses assuntos familiares, mas a verdade é que passei a maior parte de minha infância na companhia de homens adultos e, inevitavelmente, algo deve ter ficado faltando em uma infância que não contou com a companhia constante da mãe e de outras crianças. No entanto, mesmo que o Potala representasse uma prisão para mim, teria sido uma prisão espaçosa e fascinante. Diz-se que ele é uma das maiores edificações do mundo. Mesmo depois de nele viver por anos, não se poderia jamais conhecer completamente os seus segredos. Ele é uma verdadeira cidade, ocupando todo o topo de um morro. Começou a ser construído há mil e trezentos anos por um rei do Tibet, como um pavilhão para meditação, e foi muito ampliado no século XVII da era cristã pelo Quinto Dalai-Lama. A parte central do prédio atual, que tem treze pavimentos, foi construída sob suas ordens, mas ele morreu quando a construção estava no segundo pavimento. Quando soube que ia morrer, porém, ele disse ao seu primeiro-ministro que mantivesse sua morte em segredo, pois temia que, com a notícia de sua morte, a obra parasse. O primeiro-ministro encontrou um monge que se assemelhava ao lama e assim conseguiu esconder sua morte por treze anos, até a obra ser concluída. Secretamente mandou entalhar uma pedra com uma prece pela reencarnação e a incorporou a uma parede. Esta pedra ainda hoje pode ser vista no segundo pavimento.

Esta parte central do palácio incluía os grandes salões para ocasiões cerimoniais, cerca de trinta e cinco capelas ricamente entalhadas e pintadas, quatro celas para meditação e os mausoléus de sete Dalai-Lamas, com até nove metros de altura e revestidos de ouro sólido e pedras preciosas.

A ala oeste do prédio, construída posteriormente, abrigava uma comunidade de cento e setenta e cinco monges, e na ala leste ficavam os gabinetes do governo, uma escola para os monges da administração e os salões de reunião da Assembléia Nacional – as casas do Parlamento do Tibet. Meus próprios aposentos ficavam sobre os gabinetes, no último andar – cento e vinte metros acima da cidade. Lá, eu ocupava quatro aposentos. O que eu usava com mais freqüência era quadrado, com cerca de sete metros e meio de lado, e suas paredes eram totalmente cobertas por pinturas que descreviam a vida do Quinto Dalai-Lama. As pinturas eram tão detalhadas que os retratos individuais não tinham mais que dois centímetros e meio de altura. Quando me cansava da leitura, eu costumava sentar e seguir a história contada pelo grande e elaborado mural que me cercava.

Mas à parte seu uso como gabinete, templo, escola e habitação, o Potala era também um enorme depósito. Lá havia salas repletas de livros em rolo, manuscritos de valor inestimável, alguns datados de mil anos atrás. Havia também salas providas de sistemas de segurança que guardavam os emblemas e símbolos de ouro milenares dos antigos reis do Tibet, assim como os suntuosos presentes que recebiam dos imperadores chineses e mongóis, e ainda os tesouros dos Dalai-Lamas que sucederam aos reis. Lá também eram guardados os armamentos e as armaduras utilizados ao longo da história do Tibet. Nas bibliotecas se encontravam todos os registros da cultura e da religião tibetanas, sete mil enormes volumes, alguns, segundo se dizia, pesando até trinta e cinco quilos. Uns eram escritos em folhas de palmeira importadas da Índia há mil anos. Dois mil volumes ornados das escrituras haviam sido grafados com tinta feita de ouro, prata, ferro, cobre, conchas do mar, turquesa e coral em pó, cada linha numa tinta diferente.

Embaixo do edifício havia incontáveis armazéns e celeiros subterrâneos, estocando manteiga, chá e tecidos do governo, que eram fornecidos aos mosteiros, ao exército e aos funcionários. Na extremidade leste se encontrava uma prisão para malfeitores de alto risco – talvez comparável à Torre de Londres. E nos quatro cantos do castelo erguiam-se torreões defensivos guardados por sentinelas do exército tibetano.

Foi nesse ambiente único que desenvolvi meus estudos e também meus interesses infantis. Sempre fui fascinado por coisas mecânicas, mas não havia ninguém que me pudesse explicar algo sobre elas. Quando eu era pequeno, pessoas gentis que sabiam desse meu interesse às vezes me enviavam brinquedos mecânicos, tais como carros, barcos e aviões. Mas eu não me contentava apenas em brincar com eles – logo os desmontava para ver como funcionavam. Geralmente conseguia montá-los de novo, mas, às vezes, como era de se esperar, desastres aconteciam. Com um Meccano construí guindastes e trens muito antes de ter visto tais coisas. Mais tarde ganhei um velho projetor de cinema tocado por manivela e, quando o desmontei, descobri as baterias que alimentavam sua luz elétrica. Este foi meu primeiro contato com a eletricidade e sozinho investiguei as conexões até descobrir como fazê-lo funcionar. Mais tarde também tive sucesso com meu relógio de pulso. Eu o desmontei completamente para estudar seus princípios e ele voltou a funcionar quando o montei novamente.

No Potala, cada ano começava com uma cerimônia no alto do palácio antes do nascer do sol do Dia de Ano Novo (uma ocasião terrivelmente fria, quando eu não era o único a ansiar pela cerimônia do chá mais tarde pela manhã) e continuava com atividades religiosas dia após dia ao longo de todo o ano, até a grande Dança dos Lamas, na antevéspera do Ano Novo. Na primavera, eu e meus tutores, auxiliares e alguns dos departamentos do governo nos mudávamos para o Norbulingka, numa procissão à qual toda a população de Lhasa comparecia para assistir. Eu ficava sempre feliz ao ir para o Norbulingka. O Potala me deixava orgulhoso de nossa herança cultural e artística, mas o Norbulingka se parecia mais com uma casa. Era, na verdade, um conjunto de pequenos palácios e capelas, construídos num grande e belo jardim murado. Norbulingka significa "O Parque Jóia". Sua construção foi iniciada pelo Sétimo Dalai-Lama no século XVIII e desde então sucessivos Dalai-Lamas acrescentaram suas próprias residências. Eu mesmo construí uma lá. Seu fundador escolheu um terreno muito fértil. Nos jardins do Norbulingka colhemos um rabanete que pesou nove quilos e repolhos tão grandes que era impossível abraçá-los. Havia álamos, salgueiros, zimbros e muitas espécies de flores e árvores frutíferas: maçãs, pêras, pêssegos, nozes e abricós. Introduzimos pés de ameixa e cereja enquanto eu lá estive.

No Norbulingka, durante o intervalo das aulas, eu podia andar e correr entre as flores, os pomares, os pavões e os cervos domesticados. Lá eu brincava à beira do lago e por duas vezes quase me afoguei. E lá, também no lago, eu costumava alimentar meus peixes, que subiam à superfície cheios de expectativas ao ouvirem meus passos. Não sei, a esta altura, o que terá acontecido às maravilhas históricas do Potala.

Lembrando-me delas, às vezes também me pergunto se meus peixes terão sido imprudentes e subido à superfície quando pela primeira vez ouviram o som das botas dos soldados chineses no Norbulingka. Se assim foi, é provável que tenham sido comidos.

Um dos pequenos prazeres no Norbulingka era a existência de um gerador de energia elétrica que volta e meia quebrava, dando-me boas desculpas para desmontá-lo. Com aquela máquina, aprendi como funcionam os motores de combustão interna e também observei como o dínamo criava um campo magnético quando girava. Devo dizer que consegui consertá-lo na maior parte das vezes.

Tentei usar esses conhecimentos em três velhos automóveis, os únicos em Lhasa. Havia dois Baby Austins de 1927, um azul e o outro vermelho e amarelo, e um enorme Dodge de 1931, pintado de laranja. Foram presenteados ao meu antecessor e transportados desmontados através do Himalaia, depois remontados. Após a morte do Dalai-Lama, foram encostados e começaram a enferrujar. Eu queria muito fazê-los funcionar. Finalmente encontrei um jovem tibetano treinado como motorista na Índia e, com minha ajuda pressurosa, ele conseguiu colocar o Dodge em ordem, assim como um dos Austins, usando as peças do outro. Esse foi um período estimulante.

Eu sentia também curiosidade pelos acontecimentos no mundo fora do Tibet, mas naturalmente grande parte dessa curiosidade deixou de ser satisfeita. Em um atlas que possuía, eu estudava atentamente mapas de países distantes, imaginando como seria a vida nesses lugares, mas não conhecia ninguém que os houvesse visitado. Comecei a aprender inglês sozinho, lendo livros, pois a Grã-Bretanha era o único país, além de nossos vizinhos imediatos, com o qual mantínhamos laços amigáveis. Meus tutores leram em um jornal tibetano publicado em Kalimpong, na Índia, sobre os rumos da Segunda Guerra Mundial, que começou no ano em que fui levado para Lhasa, e me falaram sobre ela. Antes do fim da guerra, eu já era capaz de ler sozinho essas notícias. Todavia poucos acontecimentos mundiais nos afetavam em Lhasa. Às vezes me perguntam se seguíamos com interesse as tentativas dos ingleses de escalar o Monte Everest. Não posso dizer que tenhamos seguido. Como a maioria dos tibetanos é obrigada a escalar inúmeros desfiladeiros, não experimentamos qualquer desejo de subir mais alto que o necessário. E o povo de Lhasa, que às vezes escalava por prazer, escolhia montanhas de tamanho razoável – e quando chegavam ao topo queimavam incensos, diziam preces e faziam piqueniques. Esta é uma diversão que também gosto de praticar quando tenho a oportunidade.

Pensando em tudo o que vivi, não foi uma infância infeliz. A benevolência de meus professores ficará gravada em minha memória como uma terna lembrança. Eles me proporcionaram o conhecimento religioso que sempre foi e sempre será meu maior conforto e inspiração e fizeram o possível para satisfazer o que consideravam uma curiosidade saudável por outros assuntos. Mas cresci conhecendo muito pouco o que se passava no mundo, e foi nessas condições que, aos dezesseis anos, tive que liderar meu país contra a invasão da China comunista.

3

PAZ DE ESPÍRITO

Antes de começar a falar sobre a calamidade que se abateu sobre o Tibet, tentarei dar uma idéia geral de como vivia nosso povo na época em que éramos mais felizes.

O Tibet tem muitos vizinhos: China, Mongólia e Turquestão Oriental a leste e ao norte, e Índia, Birmânia e os Estados do Nepal, Sikkim e Butão ao sul. Paquistão, Afeganistão e União Soviética também ficam próximos. Durante muitos séculos mantivemos relações com vários desses vizinhos. Com a Índia, particularmente, temos tido fortes conexões religiosas nos últimos mil anos. Na verdade, nosso alfabeto derivou-se do sânscrito, porque, quando o budismo foi trazido da Índia para o Tibet, não havia uma escrita tibetana e era necessária uma escrita para que as obras religiosas pudessem ser traduzidas e lidas pelos tibetanos. Tínhamos também vínculos religiosos e políticos com a Mongólia e a China. Em uma época mais remota tivemos relações com a Pérsia e a Turquia Oriental, o que explica a semelhança entre as roupas persas e tibetanas. Aproximadamente no início do século XX mantivemos relações políticas com a Rússia, e, depois disso, por um período mais longo, com a Grã-Bretanha.

Mas, apesar dessas relações de vizinhança, os tibetanos são uma raça à parte, distinta. Nossa aparência física e nossa língua e costumes são completamente diferentes dos de nossos vizinhos. Não temos ligação etnológica com qualquer outro povo dessa parte da Ásia.

Talvez a qualidade mais conhecida do Tibet no passado recente seja seu isolamento deliberado. No resto do mundo, Lhasa era muitas vezes chamada de "Cidade Proibida". Havia dois motivos para esse afastamento do mundo. O primeiro e óbvio é o natural isolamento do país. Até a última década, a viagem desde as fronteiras da Índia ou do Nepal até Lhasa levava dois meses, num caminho que atravessava os desfiladeiros do alto Himalaia, bloqueados a maior parte do ano. Do povoado onde nasci, nas fronteiras entre o Tibet e a China, a viagem até Lhasa era ainda mais longa, como já contei – sendo que essa região fronteiriça ficava a mais de mil e seiscentos quilômetros da costa e dos portos chineses.

O isolamento estava, portanto, em nosso sangue. Aumentávamos esse isolamento natural restringindo a entrada de estrangeiros em nosso país ao menor número possível. Já havíamos enfrentado conflitos, especialmente com a China, e não tínhamos qualquer ambição a não ser viver em paz nos dedicando à nossa cultura e religião. Achávamos que a melhor maneira de assegurar a paz era ficar totalmente à parte do mundo. Devo dizer que agora considero essa política equivocada, e minha esperança e intenção é que no futuro os portões do Tibet estejam totalmente abertos para receber calorosamente visitantes de todas as partes do mundo.

O Tibet é considerado o país mais religioso do planeta. Não sou capaz de julgar se isso é verdadeiro ou não, mas tenho certeza de que a totalidade dos tibetanos comuns considerava os assuntos espirituais tão importantes quanto os materiais, e o que havia de mais notável no Tibet era o grande número de mosteiros. Não há números exatos, mas é provável que dez por cento da população total fossem de monges ou monjas. As autoridades leiga e monástica combinavam-se somente na minha posição como Dalai-Lama. Eu tinha dois primeiros-ministros, um monge e outro leigo, e abaixo deles a maioria dos gabinetes era duplicada.

O *Khashag* (Gabinete) tinha normalmente quatro membros, dos quais um era monge e três, autoridades leigas. Abaixo do Gabinete, na hierarquia, havia duas divisões separadas: o *Yig-tsang* (Secretariado), chefiado por quatro funcionários monges que cuidavam de assuntos religiosos e eram subordinados diretamente ao Dalai-Lama, e o *Tse-khang* (Divisão de Finanças), administrado por quatro leigos que cuidavam de assuntos leigos do Estado.

Cada uma das secretarias de estado necessárias a qualquer governo – assuntos externos, agricultura, fazenda, correios e telégrafos, defesa, exército – ficava a cargo de dois ou três secretários. Havia também dois tribunais principais, e as cortes das cidades tinham dois juízes. Finalmente, várias províncias do Tibet eram administradas por dois governadores.

A Assembléia Nacional podia se reunir de três formas. A forma menor, em sessão quase permanente, era composta pelos oito funcionários do *Yig-tsang* e do *Tse-khang,* juntamente com outros funcionários leigos graduados e representantes dos três grandes mosteiros próximos a Lhasa – cerca de vinte representantes ao todo. Essa assembléia-núcleo podia convocar um corpo maior, de cerca de trinta membros, a fim de apreciar problemas específicos. Para tratar de assuntos de grande importância, como a confirmação da descoberta da nova reencarnação do Dalai-Lama, era convocada a assembléia completa, com cerca de quatrocentos membros de todos os níveis oficiais e não-oficiais.

Do lado de fora dos mosteiros, nosso sistema social era feudal. Havia desigualdade na distribuição de riqueza, com a aristocracia agrária num extremo e os camponeses mais pobres no outro. Era difícil chegar à aristocracia, mas não impossível. Por exemplo, um soldado podia ser recompensado com um título e terras por sua bravura, e ambos os bens eram hereditários.

Por outro lado, a promoção a posições mais altas nos mosteiros e entre os funcionários se dava de forma democrática. Um menino de qualquer classe social podia entrar para um mosteiro, e seu progresso dependeria unicamente de sua capacidade. O mesmo processo democrático se aplicava à reencarnação de altos lamas, já que lamas encarnados freqüentemente escolhiam renascer em famílias humildes. Foi o que sucedeu com o Décimo Terceiro Dalai-Lama, de modo que homens procedentes de ambientes simples, como eu, eram encontrados nas mais altas posições no mundo monástico.

(Uso, com relutância, o verbo no passado porque o Tibet está sob ataque e não se pode dizer neste momento quais das nossas instituições ainda existem e quais estão sendo destruídas).

Os mosteiros tinham seus monges artesãos para prover suas próprias necessidades e até certo ponto negociarem. Alguns possuíam grandes concessões de terras, outros traziam dotes que investiam, mas havia os que não tinham nada disso. Geralmente eles recebiam presentes pessoais. Alguns agiam como prestamistas, e uns poucos cobravam taxas de juros mais altas do que posso aprovar. Mas, de um modo geral, eles não tinham auto-suficiência econômica. A maior parte dependia de algum subsídio do governo, principalmente de comida. Por este motivo o governo mantinha estoques de grãos, chá, manteiga e tecidos nos porões do Potala e em outros lugares. Esses subsídios, é claro, vinham basicamente dos aluguéis ou taxas pagas pela comunidade leiga.

Eu mencionei soldados. Tínhamos um exército, mas era muito pequeno. Seu principal trabalho consistia em guarnecer os postos de fronteira e impedir que estrangeiros não-autorizados entrassem no país. Esse exército também formava nossa força policial, exceto nos mosteiros e na cidade de Lhasa, que tinha sua própria polícia. Em Lhasa, o exército dava cor militar às cerimônias e se perfilava ao longo do caminho sempre que eu deixava os palácios. Há uma história curiosa sobre o exército. Há cerca de cinqüenta anos, quando estávamos tendo problemas com os chineses, meu predecessor decidiu atualizar o exército e contratou por um tempo alguns instrutores estrangeiros. Como ninguém sabia qual o melhor exército estrangeiro, ele decidiu que um dos regimentos seria treinado por russos, outro por japoneses e o terceiro por ingleses. O sistema inglês mostrou ser o mais adequado, de modo que todo o exército foi organizado de acordo com o método inglês. Os instrutores ingleses deixaram o Tibet há mais de uma geração, mas até 1949 o exército ainda utilizava o idioma inglês para dar ordens de comando em seus treinos, já que não havia palavras marciais em nosso idioma. Entre as marchas tibetanas tocadas pelas bandas militares ouviam-se as melodias de *It's a Long Way to Tipperary* e *God Save the King*. Mas, se algum tibetano jamais soube as letras dessas músicas, elas foram esquecidas há muito tempo. Não quero passar a idéia de que nosso exército fosse anacrônico ou absurdo, pois ele não era assim. Apesar de nunca ter sido atualizado mecanicamente, e ser demasiado pequeno para defender nosso grande país contra ataques, considerando seus objetivos limitados, era bastante eficaz, e seus homens, corajosos.

Imagino que todos os que se interessam pelo Tibet já tiveram a oportunidade de ler sobre a vida em Lhasa, pois a maioria dos viajantes estrangeiros que visitaram o Tibet escreveu livros sobre esta cidade. Eles descreveram o quase contínuo circuito de celebrações e cerimônias que se estendem de um final de ano até o seguinte, as festas elaboradas promovidas pelas pessoas mais ricas, suas roupas belas e ornamentadas, as calçadas sagradas em torno do caminho circular chamado Ling-kor e os piqueniques à beira do rio no verão, talvez o mais popular de todos os passatempos. Os viajantes devem ter sido capazes de descrever esses acontecimentos com muito mais detalhes do que eu poderia oferecer a partir da minha própria experiência, já que, evidentemente, eu não participava de muitos deles. Sempre que eu tomava parte em cerimônias, naturalmente me tornava o foco das atenções, e a essência dessas cerimônias era a reverência que as pessoas manifestavam a mim. Portanto, sempre que eu assistia a cerimônias das quais não tomava parte, tais como danças religiosas no Potala ou apresentações teatrais nos jardins do Norbulingka, eu permanecia atrás de cortinas de gaze, podendo ver sem ser visto. Mas eu gostaria de acrescentar um comentário geral às histórias narradas por estrangeiros. Nós, os tibetanos, somos grandes apreciadores de espetáculos e cerimônias, tanto religiosos quanto seculares, e apreciamos muitíssimo as vestes cerimoniais e elegantes. Talvez a mais importante característica nacional seja o gosto especial por uma piada. Não sei se sempre rimos das mesmas coisas que os ocidentais, mas estamos quase sempre rindo de algo. Somos despreocupados e otimistas por natureza, e é somente nas circunstâncias mais desesperadoras que nosso senso de humor nos abandona.

Mas só em Lhasa a vida social era requintada. Com exceção de Lhasa, de outras poucas cidades menores e dos mosteiros, a vida material das pessoas era tal qual a vida na classe camponesa de qualquer outro país. Apenas o grau de isolamento diferia. As distâncias eram enormes, e a comunicação se dava apenas por mensageiros postais que viajavam a pé ou a cavalo. Nas montanhas o clima é muito rigoroso, e o solo, em geral, pobre, de modo que a população era pouco densa e a vida, solitária e extremamente simples. A maioria dos habitantes das distantes regiões fronteiriças do Tibet não conhecia Lhasa, ou talvez nem mesmo conhecesse alguém que tivesse estado lá. Ano após ano eles lavravam a terra e criavam seus iaques e outros animais sem que ouvissem ou vissem o que se passava no mundo além de seus próprios horizontes. Acredito que haja muitas pessoas nessa situação não apenas no Tibet, mas em todos os países mais pobres do mundo, qualquer que seja seu sistema de governo.

Não quero dizer que todo tibetano fosse uma pessoa amável e bondosa – é claro que tínhamos nossos criminosos e pecadores. Para citar um exemplo, havia muitos nômades e, embora a maioria fosse pacífica, alguns dos clãs eram formados por bandidos. Conseqüentemente, habitantes de determinadas regiões precisavam ter armas, e viajantes transitando por essas regiões preferiam fazê-lo em grandes grupos, por segurança. A gente que vivia no distrito oriental onde eu nasci, incluindo os *khampas*, era, em geral, obediente às leis, mas consideravam um rifle mais importante do que qualquer outro bem, como símbolo da independência masculina.

Apesar de tudo isso, o senso de religiosidade estava presente nos lugares mais selvagens e na maior parte dos corações mais rudes. Com freqüência seu símbolo podia ser visto nas mais pobres tendas de nômades: o altar com a lamparina de manteiga à frente.

Ao longo de minha educação, aprendi muito pouco sobre sistemas sociais diferentes do nosso. Penso que os tibetanos, em geral, consideravam seu sistema como o regime natural e nunca pensavam muito sobre teorias de governo. À medida que fui me tornando adulto, comecei a perceber o quanto havia de errado em nosso sistema. A desigualdade na distribuição da riqueza certamente não estava de acordo com os ensinamentos budistas, e nos poucos anos em que exerci efetivamente o poder no Tibet consegui realizar algumas reformas fundamentais. Nomeei uma Comissão de Reformas composta de cinqüenta membros, entre funcionários leigos, monges e representantes dos mosteiros, além de uma comissão permanente menor, incumbida de averiguar todas as reformas necessárias para encaminhá-las à comissão maior e em seguida a mim.

A reforma mais simples foi na arrecadação de impostos. O volume de receita exigido de cada distrito sempre fora fixado pelo governo, mas desde tempos imemoriais ficara estabelecido que as autoridades distritais poderiam aumentar essa cobrança no quanto quisessem para pagar suas próprias despesas e salários. Percebi logo como essa lei podia gerar injustiças. Então mudei todo o sistema, deliberando com o Gabinete e a Comissão de Reformas. As autoridades distritais passaram a ter que arrecadar o volume exato e enviá-lo todo ao Tesouro, seus salários foram fixados e eram pagos pelo governo. Isso agradou a todos, com a exceção de algumas autoridades distritais, que vinham ganhando mais do que deviam.

Nosso sistema de ocupação da terra exigia reformas ainda mais fundamentais. Toda a terra do Tibet pertencia ao Estado, e a maioria dos camponeses mantinha suas áreas sob uma espécie de arrendamento direto do Estado. Alguns pagavam o aluguel em gêneros, com uma parte de sua produção. Esta era a principal fonte dos estoques do governo para distribuição aos mosteiros, ao exército e aos funcionários. Outros pagavam com trabalho, e outros ainda eram habitualmente requisitados a fornecer transporte grátis aos funcionários do governo e em alguns casos também aos mosteiros. Meu predecessor, o Décimo Terceiro Dalai-Lama, havia abolido o sistema de transporte grátis, pois este se tornara uma obrigação injusta, e fixara remunerações para o uso de cavalos, jumentos e iaques. Mas, desde então, com o aumento nos custos, as remunerações estabelecidas tornaram-se inadequadas e o direito de requisitar transporte havia sido estendido a um número excessivo de pessoas. Ordenei então que, no futuro, nenhum transporte fosse requisitado sem a sanção especial do Gabinete e aumentei os valores a serem pagos por tais serviços.

Pode ser enganoso afirmar que esses camponeses eram arrendatários. A terra não pertencia de fato ao Estado. A terra de um camponês era hereditária e ele podia arrendá-la, hipotecá-la ou mesmo vender seus direitos sobre ela – embora o direito à terra raramente fosse vendido, pois o primeiro dever de um camponês era entregar a terra intacta à geração seguinte. Ele só poderia ser despejado se deixasse de pagar seus impostos – que não eram excessivos – sobre a produção e o trabalho. Portanto, na prática, ele tinha todos os direitos de um proprietário e suas obrigações com o Estado eram, na verdade, um imposto territorial pago em gêneros, e não um aluguel.

Por muitos anos o governo fez empréstimos a esses camponeses sempre que a situação piorava. Descobri que não havia sido feita qualquer tentativa de recebimento dos empréstimos ou dos juros correspondentes e a quantia devida havia se tornado tão exorbitante que os camponeses jamais seriam capazes de pagá-la. Minha comissão realizou uma investigação detalhada e decidimos agrupar os camponeses em três categorias. Aqueles que não podiam pagar os juros acumulados ou restituir o empréstimo foram liberados da dívida. Os que não podiam pagar os juros com sua renda anual, mas tinham economias suficientes para restituir o empréstimo, foram solicitados a pagá-lo em prestações. Mas os que haviam acumulado uma razoável riqueza desde que receberam o empréstimo foram obrigados a pagar tanto os juros quanto o empréstimo em prestações. Essas medidas foram bem recebidas pelos camponeses. Muitos viviam preocupados com a dívida que pairava sobre suas cabeças e ficaram satisfeitos por terem suas situações definidas.

Mas a reforma mais urgente de que o nosso sistema social necessitava referia-se às grandes propriedades particulares. Essas propriedades haviam sido concedidas há muito tempo a famílias aristocráticas. Eram hereditárias e, como retribuição a essa concessão, cada família deveria designar um herdeiro homem em cada geração para ser treinado e trabalhar como funcionário do governo. Algumas famílias faziam também um pagamento ao Estado. Os salários do funcionário eram pagos com o saldo da renda da propriedade. Era assim que os funcionários leigos eram recrutados. Nessas propriedades, os camponeses trabalhavam para a aristocracia em condições sobre as quais o governo não tinha controle direto, e os proprietários exerciam um direito de justiça feudal, freqüentemente delegado a seus administradores, pois muitos deles eram obrigados a passar a maior parte do ano em Lhasa, cumprindo suas obrigações para com o Estado.

Minha comissão e o Gabinete analisaram todos os aspectos dessa norma ancestral e, ao receber suas recomendações, decidi que a maior parte de todas essas grandes propriedades deveria reverter ao Estado, com pagamento de indenizações às famílias às quais haviam sido concedidas. Os funcionários, por sua vez, deveriam receber seus salários em dinheiro. A terra seria então distribuída entre os camponeses que nela já trabalhavam. Assim, todos os camponeses seriam nivelados como arrendatários do Estado e a administração da justiça seria unificada. Era certamente necessária uma reforma semelhante em relação às grandes propriedades que haviam sido concedidas aos mosteiros, mas decidimos começar pelas propriedades particulares.

No entanto, antes de atingirmos esse estágio de nossas reformas, sucumbimos ao controle dos chineses e passamos a depender de seu consentimento para implantar uma mudança de tão longo alcance. Mas eles trouxeram suas próprias idéias comunistas em relação à reforma agrária e os camponeses tibetanos as detestaram, de modo que, se nosso governo tivesse implantado essa reforma popular, as reformas chinesas teriam sido ainda mais impopulares. Assim, por mais que os pressionássemos, eles nunca diziam sim nem não a essa proposta. Por fim, a situação se agravou e tivemos que abandonar esses projetos.

Tínhamos dado um passo importante para modernizar nosso sistema social medieval antes que nosso progresso fosse detido por acontecimentos que não podíamos controlar. Havia ainda muito a ser feito para melhorar o destino da gente comum do Tibet e num outro capítulo vou falar do que eu e meu governo esperamos fazer no futuro. Apesar de todas as falhas de seu sistema político e do rigor de seu clima, tenho certeza de que o Tibet era uma das terras mais felizes deste mundo. O sistema certamente criara algum tipo de opressão, mas os tibetanos não são um povo opressor. A crueldade inerente ao sistema feudal não prevalecia entre as pessoas, pois a religião exercia uma influência controladora dos atos e sentimentos e representava um conforto e apoio constantes para todas as classes sociais.

Adeptos de outras religiões dizem freqüentemente que a crença no renascimento – a Lei do Carma – tende a fazer as pessoas aceitarem com excessivo conformismo as desigualdades do destino. Isso é uma verdade parcial. Um pobre camponês tibetano era menos inclinado a invejar ou sentir-se oprimido por seu rico senhor por saber que ambos estavam colhendo a semente que haviam plantado em suas vidas anteriores. Mas, por outro lado, não há nada na Lei do Carma que leve um homem a conformar-se com a vida atual e a deixar de investir para mudar seu destino. E é claro que nossa religião estimula todas as iniciativas para melhorar o destino dos outros. A verdadeira caridade se traduz em um duplo benefício – o de quem recebe, em sua vida presente, e o de quem dá, em sua vida presente ou na próxima. À luz desses princípios, os tibetanos aceitavam nosso sistema social sem questionamentos.

E embora o sistema fosse feudal, era diferente de qualquer

outro sistema feudal, pois em seu cerne estava a encarnação de Chenresi, um ser a quem todo o povo respeitara por centenas de anos com a mais alta reverência. O povo sentia que acima de todos os funcionários subalternos do Estado havia um apelo final a uma fonte de justiça na qual podiam confiar absolutamente. De fato, nenhum governante com as tradições, o treinamento e a graça religiosa de um Dalai-Lama poderia tornar-se um tirano injusto.

Portanto, éramos felizes. O desejo insatisfeito traz descontentamento. A felicidade emana de uma mente em paz. Para muitos tibetanos a vida material era difícil, mas eles não eram vítimas dos seus desejos. Na simplicidade e pobreza, em meio às nossas montanhas, talvez houvesse mais paz de espírito do que há na maioria das cidades do mundo.

4

Nossa Vizinha, a China

Durante os poucos anos em que efetivamente exerci o governo do Tibet, nossa condição legal como nação, que antes nunca nos preocupara, subitamente ganhou tremenda importância para nós. Neste capítulo quero fazer um breve relato da história de nossa situação no mundo.

Nos tempos pré-históricos supõe-se que o Tibet tenha sido um mar interior cercado por florestas e montanhas nevadas que nenhum ser humano reivindicava. Quando os homens lá chegaram, alguns foram reconhecidos como chefes pelos demais, e esses chefes governavam a vida de suas tribos.

A unificação dessas tribos numa única nação tibetana, tendo Nya-Tri-Tsenpo como primeiro rei, deu-se há dois mil anos, no Ano do Tigre de Madeira, que corresponde ao ano de 127 a.C., ou quatrocentos e dezoito anos (conforme o critério indiano de cálculo) após a morte do Senhor Buda. Nya-Tri-Tsenpo foi sucedido por quarenta gerações de reis. Durante os reinados dos primeiros vinte e sete, a religião chamada Bön floresceu no país, juntamente com muitas crenças estranhas.

Foi durante o reinado do vigésimo oitavo rei, cujo nome era Lha-Tho-Ri-Nyen-Tsen, que ocorreu um novo episódio de alta significação para a história do Tibet. Uma coleção dos ensinamentos do Senhor Buda chegou às mãos do rei, e a partir daí o budismo começou a se difundir no Tibet.

O trigésimo terceiro rei, Song-Tsen-Gampo, foi responsável por uma consolidação maior da nova religião. Ele nasceu no Ano do Touro da Terra (629 a.D., mil cento e setenta e três anos após a morte do Senhor Buda) e ainda jovem mandou seu ministro, Thumi-Sam-Bhota, estudar na Índia. Após seu retorno ao Tibet, o ministro delineou o atual alfabeto tibetano. O rei estabeleceu os nobres costumes da vida espiritual e material, formulou dez normas para os serviços religiosos e dezesseis normas para a conduta pública. Em seu reinado foram erigidos templos, entre os quais o Jokhang, em Lhasa, além de inúmeras capelas, e foi iniciada a construção do Potala. Além de suas três esposas tibetanas, o rei casou-se com uma chinesa e uma princesa nepalesa, e, talvez por sugestão delas, duas imagens do Senhor Buda foram trazidas do Nepal e da China. Foi diante de uma dessas imagens, no Jokhang, que eu me curvei em reverência quando cheguei a Lhasa aos quatro anos de idade. Durante o reinado de Song-Tsen-Gampo, o domínio de muitos ofícios foi trazido da Índia, China e Nepal e, assim, a economia do Tibet progrediu, o povo tornou-se mais próspero e feliz e a nação viu crescer seu poder.

No reinado do trigésimo sexto rei, Tri-Dhi-Tsuk-Ten, houve um período de guerra entre chineses e tibetanos, e Ta-Ra-Lu-Gong, ministro do rei, conquistou diversas províncias chinesas. Até hoje há uma coluna de pedra diante do Potala em comemoração às vitórias desse ministro.

O trigésimo sétimo rei, Thi-Song-Deu-Tsen, nasceu no Ano do Cavalo de Ferro (790 a.D., mil trezentos e trinta e quatro anos após a morte do Senhor Buda). Durante seu reinado, ele convidou os sábios indianos Khenchen-Bodi-Sattawa e Lopon-Pema-Samba para irem ao Tibet. Muitos eruditos indianos, além de tibetanos que entendiam o sânscrito, trabalhavam para traduzir os ensinamentos do Senhor Buda para a língua tibetana. Nessa época foi fundado o mosteiro de Samye e ordenados os primeiros sete monges do Tibet. Além disso, o poder político do país cresceu, de modo que os territórios sob controle do Tibet se expandiram consideravelmente.

À época do reinado do quadragésimo rei, Nga-Dak-Tri-Ral, que nasceu no Ano do Cachorro do Fogo (866 a.D, mil quatrocentos e dez anos após a morte do Senhor Buda), o número de monges no Tibet havia aumentado enormemente. Houve uma nova guerra entre o Tibet e a China durante seu reinado e mais uma vez os tibetanos conquistaram vastas áreas da China. Os lamas tibetanos e os monges chineses, conhecidos como *hashangs*, agiram como mediadores para estabelecer a paz. O símbolo desse acordo de paz está nas colunas erguidas em frente ao palácio do imperador chinês e defronte ao Jokhang, em Lhasa. Ambas se assemelham à coluna de pedra que marca a fronteira na área limítrofe sino-tibetana chamada Khung-Khu-Meru. Nessas três colunas foi inscrito um acordo mútuo, em caracteres chineses e tibetanos, determinando que nem o Tibet nem a China deveriam ultrapassar os marcos da fronteira.

Esses três reis – o trigésimo terceiro, o trigésimo sétimo e o quadragésimo – são considerados os maiores da história do Tibet e nosso povo os glorifica até hoje.

No entanto, no Ano do Pássaro de Ferro (901 a.D., mil quatrocentos e quarenta e cinco anos após a morte do Senhor Buda), o quadragésimo primeiro rei, cujo nome era Lang-

Dar-Ma, subiu ao trono e desfez tudo o que seus predecessores haviam realizado. Ele e seus ministros fizeram o possível para destruir a religião budista e os costumes do Tibet. Após seis anos de um reinado pernicioso, ele foi assassinado.

Assim, pouco mais de mil anos se passaram desde o reinado do primeiro rei do Tibet até a morte do quadragésimo primeiro, e durante esses primeiros mil anos o país cresceu magnificamente em força material e espiritual. Mas, após a morte de Lang-Dar-Ma, o reino se desintegrou. O rei havia tido duas rainhas e dois filhos, um dos quais não era seu filho verdadeiro. As rainhas brigaram entre si, os ministros tomaram partido e, finalmente, o Tibet foi repartido entre os dois príncipes. Essa divisão levou a posteriores subdivisões, e o Tibet se tornou uma terra composta por vários reinos pequeninos. Assim permaneceu por trezentos e quarenta e sete anos.

Mas, no século XIII do calendário cristão, o alto lama do grande mosteiro Sakya, cujo nome era Chogyal-Phag-Pa, rumou para a China, onde se tornaria o instrutor religioso do imperador chinês, Sechen. E no Ano do Touro das Águas (1253 a.D., mil setecentos e noventa e sete anos após a morte do Senhor Buda) ele voltou e se tornou o governante das três *Cholkhas,* ou províncias, do Tibet – foi o primeiro dos sacerdotes-reis de nosso país. Durante os noventa e seis anos seguintes, o país foi governado por uma sucessão de vinte lamas de Sakya e, depois, durante oitenta e seis anos – de 1349 a 1435 a.D. –, por uma sucessão de onze lamas da linhagem de Phamo Drupa. Houve então um retorno à monarquia secular. Quatro gerações de reis Rirpong governaram de 1435 a 1565, e três reis Tsangpa, de 1566 a 1641. Foi então que, no Ano do Cavalo das Águas (1642 a.D., dois mil cento e oitenta e seis anos após a morte do Senhor Buda), um Dalai-Lama recebeu poder temporal sobre a totalidade do país e foi estabelecida a forma atual do governo tibetano, conhecida como *Gaden-Phodrang.* Desde então, por mais de trezentos anos, dez Dalai-Lamas se sucederam como governantes espirituais e temporais do Tibet, e durante a ausência ou menoridade destes o governo foi conduzido em seus nomes por regentes monges e leigos.

Foi o Quinto Dalai-Lama quem assumiu pela primeira vez esses poderes temporais. O Primeiro Dalai-Lama havia sido discípulo do fundador da seita Gelukpa, Tsongkhapa. Essas duas encarnações foram homens de grande cultura, o primeiro em assuntos espirituais e o quinto tanto em assuntos espirituais quanto nos temporais. No ano de 1652 a.D., o primeiro imperador manchu da China, Shun–Tse, convidou o Quinto Dalai-Lama, a quem considerava seu instrutor religioso, a visitar a China e lá o recebeu com as honras de rei do Tibet.

Durante dois séculos e meio de governo dos Dalai-Lamas, até aproximadamente o final do século XIX da era cristã, havia uma relação pessoal recíproca entre os Dalai-Lamas e os imperadores da China. Era uma relação de liderança religiosa por um lado e de liderança secular um tanto tênue por outro. O imperador nomeou dois diplomatas, a quem chamavam *ambans*, para o representarem em Lhasa. Eles exerciam alguma autoridade, mas a exerciam através do governo do Dalai-Lama, e ao longo do tempo essa autoridade gradualmente diminuiu.

Foi durante o reinado do meu grande antecessor, o Décimo Terceiro Dalai-Lama, que o Tibet começou, pela primeira vez, a ampliar suas relações internacionais. Já expus aqui como o Décimo Terceiro Dalai-Lama melhorou o padrão de vida de nosso povo e como reorganizou nosso exército. Ele também enviou jovens para estudar em outros países, construiu pequenas usinas hidrelétricas e indústrias, criou serviços postais e telegráficos, mandou imprimir selos e papel-moeda, além de cunhar novas moedas de prata e ouro. Fez também alterações no currículo de estudos religiosos dos mosteiros Gelukpa. E durante seu reinado o Tibet firmou uma série de acordos internacionais.

Pelo final do século XIX, o governo britânico da Índia expressou sua vontade de estabelecer relações comerciais com o Tibet. Nessa época também surgiram diversas disputas fronteiriças menores entre os territórios tibetanos e britânicos no Himalaia. Os ingleses tiveram que decidir se negociariam essas questões com o Tibet ou com a China. Como, com exceção de um único documento datado de 1247, nenhum outro tratado fora assinado entre o Tibet e a China desde a inscrição das colunas de pedra no ano de 822, não havia muito para orientar a escolha inglesa. No entanto, em 1893, a Inglaterra assinou uma convenção com a China fixando a fronteira e resguardando certos direitos de comércio no sul do Tibet.

Mas o governo tibetano simplesmente desconsiderou essa convenção. Quando os marcos da divisa foram colocados por comissários ingleses e chineses, os tibetanos esperaram que eles partissem e retiraram os marcos. Quando também os ingleses exigiram suas concessões de comércio, o governo lhes disse que a convenção só fora assinada pela China e não tinha qualquer validade no Tibet. Os tibetanos, com sua natureza condescendente, conviviam há gerações com os *ambans* chineses. Mas essa foi a primeira vez em que qualquer outro poder procurou fazer um acordo internacional formal com o Tibet, e jamais ocorrera aos tibetanos que a simples presença dos *ambans* em Lhasa pudesse dar ao governo chinês o direito de assinar acordos em nome do Tibet. Tampouco pensaram, até então, que os chineses queriam privá-los de sua independência.

Os ingleses ficaram bastante irritados por não terem seus direitos de comércio reconhecidos e por perderem seus marcos fronteiriços. Lorde Curzon, o vice-rei inglês da Índia, disse que considerava "a suserania chinesa sobre o Tibet uma ficção constitucional – uma simulação política que só tem sido mantida por sua conveniência a ambas as partes". Em 1903 ele enviou uma força militar a Lhasa. O exército tibetano lutou contra as tropas inglesas e foi derrotado. O Dalai-Lama fugiu para o leste, os ingleses avançaram para Lhasa em 1904 e assinaram uma convenção com o governo tibetano.

Na ausência do Dalai-Lama, a convenção foi assinada pelo regente, utilizando o selo do Dalai-Lama, e selada também pelo Gabinete, a Assembléia Nacional e os mosteiros de Drepung, Sera e Gaden. O Tibet, na verdade, havia feito um acordo internacional formal como uma potência soberana. O acordo confirmava os limites da fronteira, os direitos de comércio e, entre outras coisas, assegurava que nenhuma potência estrangeira poderia intervir nas questões tibetanas sem o consentimento do governo inglês. A China nem sequer foi mencionada no documento e essa omissão a incluía entre as outras potências estrangeiras não-especificadas. Assim que a convenção foi assinada, as forças inglesas marcharam para fora do Tibet e nunca mais nos ameaçaram.

O governo chinês jamais fez qualquer objeção a esse tratado. Dois anos mais tarde, em 1906, aparentemente movidos pelo temor de que os chineses pudessem interferir em suas concessões de comércio, os ingleses firmaram um acordo pelo qual o governo chinês aceitava formalmente o tratado anglo-tibetano. Dessa forma, o que restava do poder chinês no Tibet foi considerado extinto, à medida que acordos internacionais pudessem ter algum valor.

Contudo, os ingleses foram inconsistentes. Este foi um período em que a Rússia e a Grã-Bretanha rivalizavam em torno das "esferas de influência" na Ásia, tendo em 1907 assinado um acordo segundo o qual ambas se comprometiam a não interferir no Tibet e a somente negociar com o Tibet através da intermediação da China. Esse acordo, que contradizia os demais e desconsiderava a afirmação britânica de que a China não tinha autoridade prática sobre nosso país, reconhecia a suserania da China sobre o Tibet.

Suserania é um termo vago e antigo. É possível que fosse o vocábulo político ocidental mais à mão para descrever a natureza das relações entre o Tibet e a China entre 1720 e 1890, mas não passava de um termo muito impreciso, tendo seu uso induzido ao erro gerações de estadistas ocidentais. Ele não leva em conta as relações espirituais recíprocas, nem reconhece que as relações eram um assunto pessoal entre os Dalai-Lamas e os imperadores manchus. Existem no Oriente muitas formas antigas de relacionamento como esta e elas não podem ser descritas nos termos políticos simplificadores do Ocidente.

Uma das explicações para a inconsistência do governo inglês é que os ingleses já haviam assegurado para si uma posição favorável no Tibet e esta não era afetada pelo novo acordo. Além disso, ao renunciar ao seu direito de negociar diretamente com o Tibet, procuravam evitar que a Rússia fizesse o mesmo. Mas outra explicação é que os dois primeiros tratados foram feitos pelo governo inglês na Índia, e o terceiro, pelo governo inglês em Londres, e que um não entendia muito bem o que o outro estava fazendo. As relações tipicamente orientais entre a China e o Tibet poderiam ter sido mais bem entendidas na Índia do que na Inglaterra. De qualquer modo, nem o Tibet nem a China foram solicitados a assinar esse novo acordo. Portanto, ele absolutamente não obriga o Tibet a reconhecer a suserania da China.

Uma conseqüência lamentável da expedição inglesa a Lhasa foi que isso despertou os chineses para o fato de que seu próprio poder havia desaparecido, de modo que, quando os ingleses se retiraram, depois de derrotar o exército tibetano, deixaram o Tibet com poucas defesas contra o que quer que os chineses decidissem fazer. E o acordo russo teve o efeito adicional de dar aos chineses plenos poderes no Tibet, enquanto obrigava os inglcses à não-intervenção. Então a China, apesar de seu próprio acordo com a Grã-Bretanha, invadiu o Tibet. O Dalai-Lama foi novamente forçado a fugir, desta vez para a proteção inglesa na Índia, tendo o exército chinês chegado a Lhasa em 1910.

Mas a dinastia manchu estava cambaleante. Em 1911 a revolução eclodiu na China. O soldo e as provisões das tropas chinesas no Tibet foram suspensos e elas se revoltaram contra seus oficiais. Em 1912, os tibetanos expulsaram do país os militares remanescentes juntamente com os *ambans*. Com isso o Tibet tornou-se completamente independente e de 1912 até a invasão chinesa, em 1950, nem o Estado chinês nem qualquer outro Estado tiveram qualquer tipo de poder sobre o Tibet.

Durante a expulsão do exército chinês, o Dalai-Lama retornou da Índia e declarou que o Tibet era uma nação independente. Nessas declarações foi usado um selo oferecido aos Dalai-Lamas pelo povo tibetano, em lugar do selo presenteado pelos chineses havia muito tempo. Alguns documentos tibetanos antigos eram iniciados com as palavras: *Por determinação do Imperador da China, o Dalai-Lama é o Pontífice do Budismo. Mas o Décimo Terceiro Dalai-Lama mudou o que se lia para: Por determinação do Senhor Buda...*

Mas tendo conquistado e declarado nossa independência, e cansados dessas lutas, nós nos recolhemos à antiga solidão. Não fizemos nenhum tratado com a China e, conseqüentemente, nossa independência *de facto* não recebeu uma sanção internacional. Em 1913, os ingleses tentaram resolver a questão convidando representantes chineses e tibetanos para uma conferência em Simla, na Índia. Os três representantes reuniram-se em igualdade de condições e, após uma longa discussão, rubricaram uma convenção provisória. Nela, os ingleses convenceram os tibetanos a concordarem com seu conceito de suserania chinesa e persuadiram os chineses a concordarem com a autonomia do Tibet. A Grã-Bretanha e a China respeitariam a integridade territorial do Tibet, não enviariam tropas para o Tibet e não interfeririam com a administração do governo tibetano.

Embora o representante chinês tivesse rubricado esse acordo, o governo chinês recusou-se a assiná-lo e, em conseqüência, o Tibet e a Grã-Bretanha o assinaram sozinhos, com uma declaração em separado dizendo que a China estava excluída de qualquer privilégio decorrente do acordo por haver se recusado a assiná-lo. A China jamais assinou o acordo e, portanto, nunca reivindicou suserania sob esta fórmula legal.

As coisas ficaram assim. O governo chinês continuou a insistir, sempre que o assunto vinha à tona, que o Tibet fazia parte da China. No entanto não havia no Tibet chineses investidos de qualquer tipo de autoridade, e por trinta e oito anos o Tibet seguiu seu próprio caminho independente. O Tibet não tomou parte na guerra sino-japonesa, e mesmo na Segunda Guerra Mundial insistiu na sua neutralidade, recusando-se a permitir o transporte de material bélico da Índia para a China através de seu território. Ao longo desse período, os tibetanos jamais tomaram qualquer medida para provar ao mundo sua independência, pois isso nunca lhes pareceu necessário. De tempos em tempos outros governos agiam de uma forma que confirmava seu reconhecimento da independência do Tibet. Assim, em 1947, quando em Nova Delhi realizou-se uma conferência de todos os países asiáticos, a delegação tibetana participou em igualdade de condições com as demais e a bandeira tibetana tremulou entre as bandeiras das outras nações. Neste mesmo ano, depois da independência da Índia, seu governo respondeu a uma mensagem tibetana nesses termos: "O governo da Índia teria satisfação em obter a confirmação de que é intenção do governo tibetano manter as relações nas bases atuais, até que novos acordos sejam feitos com relação a tópicos que quaisquer das partes queiram tratar. Este é o procedimento adotado por todos os países com os quais a Índia mantém relações herdadas do governo de Sua Majestade." Em 1948, uma delegação de comércio do governo do Tibet visitou a Índia, China, França, Itália, Reino Unido e os Estados Unidos da América, e os passaportes emitidos pelo governo do Tibet para seus delegados foram aceitos em todos esses países.

Durante os primeiros vinte e dois anos de nossa independência não houve qualquer tipo de funcionário chinês no Tibet, mas, em 1934, após a morte do Décimo Terceiro Dalai-Lama, uma delegação chinesa foi a Lhasa para fazer oferendas religiosas. Após realizar as oferendas, a delegação permaneceu em Lhasa sob a alegação de que desejava concluir certas conversações a respeito da fronteira sino-tibetana. Mas a situação desses chineses era exatamente a mesma dos nepaleses, dos britânicos e, mais tarde, das missões indianas que também estavam em Lhasa – e em 1949 mesmo esses chineses remanescentes foram expulsos do país.

Então, pode-se resumir essa breve história dizendo que o Tibet é uma distinta e antiga nação que por muitos séculos gozou de uma relação de respeito mútuo com a China. É verdade que houve épocas em que a China era forte e o Tibet fraco e em que a China invadiu o Tibet. Do mesmo modo, recuando na História, houve épocas em que o Tibet invadiu a China. Não há qualquer base histórica para os chineses declararem que o Tibet fez parte da China. De 1912 até o fatal ano de 1950, o Tibet gozou de uma independência *de facto* e nossa condição legal atual é exatamente a mesma de 1912. Essa condição tem sido meticulosamente analisada nos últimos anos pela Comissão Internacional de Juristas. Em vez de expressar minha própria opinião, citarei a conclusão que esse corpo de especialistas ilustres e imparciais submeteu às Nações Unidas e publicou, em 1959, em seu relatório, intitulado *A Questão do Tibet e o Primado da Lei:*

A posição do Tibet no episódio da expulsão dos chineses em 1912 pode ser legitimamente descrita como sendo de independência *de facto* e há, conforme esclarecido, fundamentos legais consistentes para se pensar que qualquer forma de subserviência legal à China houvesse terminado. Propõe-se, portanto, que os acontecimentos de 1911-12 marquem o ressurgimento do Tibet como um Estado plenamente soberano, independente de fato e de direito do controle chinês.

5

INVASÃO

Em 1948, quando eu ainda era estudante, o governo ficou sabendo que havia espiões comunistas chineses no país. Eles tinham vindo avaliar a força do nosso exército e verificar se estávamos recebendo ajuda militar de alguma potência estrangeira.

Os agentes não devem ter achado muito difícil descobrir os fatos que os interessavam. Além de não recebermos ajuda militar, eu só sabia da existência de seis europeus no Tibet e nenhum deles tinha qualquer ligação com assuntos militares.

Quanto ao exército, entre soldados e oficiais, havia oito mil e quinhentos homens. A finalidade do exército, como já disse, era impedir a entrada de viajantes não-autorizados e agir como força policial. Não tinha qualquer capacidade para combater numa guerra.

Pouco depois desse primeiro sinal de perigo iminente chegaram notícias mais sérias do leste do Tibet. O governador do Tibet Oriental, que se chamava Lhalu, estava baseado na cidade de Chamdo, próximo da fronteira, e contava com a colaboração de um dos estrangeiros, um operador de rádio britânico. Logo começamos a receber mensagens do governador em código, relatando que os chineses estavam mobilizando tropas poderosas e as dispondo ao longo de nossa fronteira oriental. Era óbvio que tencionavam nos atacar ou intimidar.

Assim que essa informação alarmante chegou ao Gabinete foi convocada uma reunião da Assembléia Nacional. Era evidente que o Tibet tinha ao leste uma ameaça muito mais séria do que todas as que enfrentara nos séculos precedentes. O comunismo, tendo conquistado a China, dera ao país uma força militar sem igual em muitas gerações. Portanto, essa ameaça que nos faziam era não apenas mais drástica, mas diferente em sua natureza. Nos séculos anteriores houve sempre uma certa afinidade religiosa entre nossos países, porém agora éramos ameaçados não só de domínio militar, mas também de domínio por um credo materialista alienígena que, além de totalmente incompreensível para nós, tibetanos, parecia totalmente abominável.

A Assembléia concordou unanimemente que o Tibet não possuía os recursos materiais, nem as armas, nem os homens para defender sua integridade contra um ataque poderoso e por isso decidiu fazer um apelo urgente a outros países, na esperança de persuadir os chineses a suspender sua marcha antes que fosse tarde demais. Quatro delegações foram designadas para visitar a Grã-Bretanha, os Estados Unidos, a Índia e o Nepal, a fim de pedir ajuda. Antes dessas delegações deixarem Lhasa, foram enviados telegramas a esses quatro governos alertando sobre a aparente ameaça à nossa independência e comunicando a intenção de nosso governo de enviar delegações.

As respostas a esses telegramas foram terrivelmente desanimadoras. O governo inglês manifestou sua mais profunda solidariedade ao povo do Tibet e lamentou que, devido à situação geográfica do país, uma vez que a Índia conquistara sua independência, não poderiam oferecer ajuda. O governo dos Estados Unidos respondeu de forma semelhante e declinou receber nossa delegação. O governo indiano também deixou claro que não nos daria ajuda militar e nos aconselhou a não oferecer qualquer resistência armada, mas a abrir negociações para um acordo de paz com base no acordo de Simla de 1914. Percebemos então que militarmente estávamos sozinhos.

Aconteceu que o mandato de Lhalu como governador do Tibet Oriental havia terminado e nesse momento crucial ele deveria ser substituído por outra autoridade, Ngabo Ngawang Jigme. Ngabo deixou Lhasa e pôs-se a caminho da província oriental e, como a situação era um tanto delicada, o Gabinete determinou que Lhalu ficasse em seu posto para ajudar seu sucessor, dividindo com ele a responsabilidade. Mas como Ngabo afirmou que estava pronto a assumir toda a responsabilidade, Lhalu foi chamado de volta. Logo depois disso, sem qualquer aviso formal, os exércitos da China comunista invadiram o Tibet.

Por pouco tempo, e em poucas oportunidades, o exército tibetano ofereceu resistência com algum sucesso, ajudado por voluntários da etnia local dos *khampas.* Mas nosso exército era inescapavelmente sobrepujado em número e eficácia. A mudança de governo havia deixado a administração confusa, e Ngabo começou a recuar seu quartel-general de Chamdo para oeste. Quando as tropas tibetanas, recuando da fronteira, chegaram a Chamdo e descobriram que ele já havia abandonado o lugar, tiveram que incendiar o depósito de armamentos e munições e juntar-se a ele na retirada.

Mas o recuo não deu resultado. As linhas de comunicação de Ngabo haviam sido cortadas e ele tinha seus flancos cercados por tropas chinesas dotadas de maior mobilidade, de modo que foi obrigado a se render juntamente com numerosa tropa tibetana.

A estação de rádio de Chamdo também foi tomada e seu telegrafista britânico capturado, de modo que por algum tempo o governo ficou sem notícias do que estava acontecendo. Então, dois funcionários chegaram a Lhasa, enviados por Ngabo com permissão do comandante chinês. Vieram comunicar ao Gabinete que Ngabo havia sido feito prisioneiro e pedir autorização para negociar os termos de paz, transmitindo ao Gabinete a promessa do comandante chinês de que a China não iria estender mais seu domínio sobre o território tibetano.

Enquanto ocorriam esses desastres nos limites orientais do Tibet, o governo em Lhasa consultava os oráculos e os altos lamas e, orientado por seus conselhos, o Gabinete veio me procurar trazendo o solene pedido para que eu assumisse a responsabilidade do governo.

Isso me deixou muito aflito. Eu tinha apenas dezesseis anos. Estava longe de terminar minha educação religiosa. Não conhecia nada do mundo e não possuía experiência política, apenas tinha idade suficiente para saber como eu era ignorante e quanto ainda tinha que aprender. A princípio aleguei que era jovem demais, pois dezoito anos era a idade estabelecida para que um Dalai-Lama recebesse de seu regente o comando. Mas eu entendia muito bem por que os oráculos e os lamas haviam feito o pedido que me era dirigido. Os longos anos de regência após a morte de cada Dalai-Lama provocavam um enfraquecimento inevitável em nosso sistema de governo. Durante minha própria menoridade houve dissidências entre facções no nosso governo e a administração do país se deteriorara. Havíamos alcançado um estado em que a maioria das pessoas preferia evitar a responsabilidade. Mas agora, sob a ameaça de invasão, precisávamos mais do que nunca de união, e eu, como Dalai-Lama, era a única pessoa a quem todos no país seguiriam.

Eu hesitei – mas então a Assembléia Nacional se reuniu e somou seu apelo ao do Gabinete, me fazendo perceber que num momento tão grave de nossa história eu não poderia fugir às minhas responsabilidades. Eu as deveria assumir, deixando para trás minha meninice e me preparando imediatamente para liderar meu país, da melhor forma que eu pudesse, contra o imenso poder da China comunista.

Então aceitei, trêmulo, e plenos poderes me foram conferidos numa solenidade tradicional. Em meu nome foi proclamada uma anistia geral e todos os criminosos presos no Tibet foram libertados.

Nessa mesma ocasião meu irmão mais velho chegou a Lhasa vindo do leste. Ele havia retornado, como abade, ao mosteiro de Kumbum, perto do nosso povoado natal. Nesse território controlado pelos chineses, ele havia testemunhado, enquanto era abade, a queda do governador sob o regime de Chiang Kai-shek e o avanço das tropas do novo governo comunista. Ele presenciara um ano de confusão, opressão e terror, quando os comunistas chineses declararam que haviam vindo proteger o povo, prometendo-lhes a liberdade de praticar sua religião e ao mesmo tempo dando início ao solapamento e destruição sistemáticos da vida religiosa. Ele próprio havia sido mantido sob estrita vigilância e submetido a uma doutrinação comunista quase permanente, até que finalmente os chineses disseram-lhe que pretendiam retomar todo o Tibet, que ainda insistiam ser parte da China, e implantar o comunismo. Tentaram então persuadi-lo a ir a Lhasa como seu emissário para induzir-me e ao meu governo a concordar com a sua dominação. Prometeram torná-lo governador do Tibet se fosse bem-sucedido. Evidentemente ele se recusou a fazer coisa desse tipo. Mas afinal percebeu que sua vida correria perigo se continuasse recusando e percebeu também que tinha o dever de me alertar sobre os planos dos chineses. Então fingiu concordar e pôde assim escapar do controle chinês e chegar a Lhasa para me alertar dos perigos que estávamos enfrentando.

Nessa altura o Gabinete havia encaminhado nossa questão às Nações Unidas. Enquanto esperávamos que fosse apreciada, me pareceu que a primeira das minhas providências, seguindo o conselho do governo indiano, deveria ser uma tentativa de chegar a um acordo com os chineses antes que mais danos fossem causados. Mandei então uma carta ao governo chinês através do comandante da tropa que ocupava Chamdo. Eu disse que durante a minha menoridade as relações entre os nossos países haviam ficado tensas, mas que agora eu assumira toda a responsabilidade e desejava sinceramente restabelecer a amizade que existira no passado. Pedi a eles que devolvessem os tibetanos que haviam sido capturados por seu exército e que se retirassem da região do Tibet ocupada à força.

Nesses mesmos dias, meu gabinete convocou novamente a Assembléia Nacional, a fim de sondar a opinião pública sobre a ameaça com que nos defrontávamos. Uma das resoluções da Assembléia não me agradou. Os membros alegaram que as tropas chinesas poderiam avançar sobre Lhasa e tomá-la a qualquer momento, e decidiram que eu deveria deixar a cidade e ir para Yatung, uma vila próxima da fronteira com a Índia, para ficar a salvo de qualquer perigo. Eu não queria ir, absolutamente. Queria ficar onde estava e fazer o que fosse possível para ajudar meu povo. Mas o Gabinete também insistiu para que eu fosse e afinal tive que ceder. Esse conflito se repetiria outras vezes, como contarei adiante. Como um homem jovem e fisicamente capacitado, meu instinto era compartilhar todos os riscos que minha gente estava correndo, mas para os tibetanos a pessoa do Dalai-Lama é uma preciosidade suprema e sempre que surgia o conflito eu tinha que permitir que meu povo cuidasse de mim mais do que eu mesmo jamais pensasse em fazer.

Assim sendo, me preparei para partir. Antes, porém, nomeei dois primeiros-ministros – um alto funcionário monge chamado Losang Tashi e um veterano e experimentado administrador leigo chamado Lukhangwa. Deleguei a eles plenos poderes e os tornei co-responsáveis, dizendo-lhes que só recorressem a mim quando o assunto fosse da mais alta importância.

Ocorreu então aos meus ministros que se o pior acontecesse eu teria que me refugiar na Índia, como fizera meu antecessor quando os chineses nos invadiram quarenta anos antes. Fui aconselhado a enviar uma pequena parte do meu tesouro para lá. Então foram levados de Lhasa um pouco de ouro em pó e barras de prata e colocados num cofre do outro lado da fronteira, no Sikkim, onde permaneceram pelos nove anos seguintes. No final foram de enorme utilidade para nós.

O golpe cruel que se seguiu foi a notícia de que a Assembléia-Geral das Nações Unidas havia decidido não considerar a questão do Tibet. Isso nos deixou profundamente consternados. Tínhamos depositado nossa fé nas Nações Unidas como fonte de justiça e ficamos atônitos ao saber que o assunto fora arquivado por sugestão dos britânicos. Havíamos mantido relações bastante amigáveis com os ingleses durante longo tempo e nos beneficiado muito com a sabedoria e a experiência de diversos súditos ilustres da Coroa britânica. Fora também a Grã-Bretanha quem reconhecera implicitamente nossa independência ao firmar tratados conosco como uma nação soberana. Mas o que o representante inglês dizia agora é que a situação legal do Tibet não estava bem clara, parecendo sugerir que, mesmo após trinta e oito anos sem qualquer chinês em nosso país, poderíamos ainda estar legalmente submetidos à suserania da China. A atitude do representante da Índia foi igualmente decepcionante. Ele disse ter certeza de que um acordo de paz poderia ser feito e que a autonomia do Tibet poderia ser salvaguardada, mas que a melhor maneira de garantir isso seria abandonar a idéia de discutir o problema na Assembléia-Geral.

Essa decepção foi ainda maior do que a trazida pela notícia anterior, de que ninguém nos ofereceria ajuda militar. Agora nossos amigos nem mesmo nos ajudariam a apresentar nosso pedido de justiça. Nós nos sentimos abandonados às hordas do exército chinês.

É claro que hoje em dia, examinando a nossa história, é fácil reconhecer como a nossa própria política contribuiu para nos colocar nessa situação desesperadora. Quando conquistamos nossa independência completa, em 1912, ficamos bastante satisfeitos em voltar ao nosso isolamento. Jamais nos ocorreu que a nossa independência, um fato tão óbvio para nós, precisasse de qualquer comprovação legal para o resto do mundo. Se pelo menos tivéssemos solicitado nossa inclusão na Liga das Nações ou nas Nações Unidas, ou mesmo indicado embaixadores para algumas das principais potências antes dessa crise, tenho certeza de que esses sinais de soberania teriam sido aceitos sem maiores problemas e a justiça evidente de nossa causa não teria sido obscurecida, como de fato foi, por sutis discussões legais baseadas em antigos tratados feitos sob circunstâncias totalmente diferentes. Agora tínhamos que aprender a lição amarga de que o mundo ficara pequeno demais para que um povo pudesse nele viver em isolamento inofensivo.

A única coisa que podíamos fazer era conduzir nossas negociações da melhor maneira possível. Decidimos dar a Ngabo a autoridade que ele havia solicitado. Um dos dois oficiais que ele enviara a Lhasa foi portador de uma mensagem redigida por mim e por meu gabinete, e nela dizíamos a Ngabo que ele deveria abrir negociações com a firme condição de que as tropas chinesas não avançassem mais. Nós havíamos entendido que as negociações seriam realizadas em Lhasa ou em Chamdo, onde as tropas chinesas estavam estacionadas, mas o embaixador chinês na Índia propôs que a nossa delegação fosse a Pequim. Eu nomeei mais quatro autoridades como assistentes de Ngabo e todos chegaram a Pequim no início de 1951.

Somente quando voltaram para Lhasa, muito tempo depois, foi que soubemos exatamente o que havia se passado com eles. De acordo com o relatório por eles apresentado na época, o ministro do exterior chinês, Chou En-lai, os convidara para uma festa logo à sua chegada e os apresentara formalmente às autoridades chinesas. Mas, assim que começou a primeira reunião, o principal representante chinês apresentou a minuta de um acordo contendo dez artigos já preparados. A discussão desse acordo durou vários dias. Nossa delegação argumentou que o Tibet era um Estado independente e apresentou todas as evidências sustentando seu argumento, mas os chineses rejeitaram a idéia. Por fim, os chineses redigiram outra minuta revisada, com dezessete artigos. Esta foi apresentada como um ultimato. Não se permitiu que nossos representantes fizessem qualquer alteração ou sugestão. Sofreram insultos, ofensas e ameaças de violência física e de mais ataques militares contra o povo do Tibet e foram impedidos de dirigir-se a mim ou ao meu governo para pedir instruções.

Essa minuta de acordo era baseada no pressuposto de que o Tibet fazia parte da China. Isso simplesmente não era verdade, e não é possível que tenha sido aceito por nossa delegação sem que eu e meu governo fôssemos consultados, a não ser sob coação. Mas Ngabo havia sido prisioneiro dos chineses por muito tempo, e os outros delegados eram também virtuais prisioneiros. Por fim, privados de qualquer conselho, cederam à coação e assinaram o documento. Eles ainda se recusaram a afixar os selos necessários à sua validação. Os chineses, porém, forjaram cópias dos selos tibetanos em Pequim e obrigaram nossa delegação a selar com eles o documento.

Nem eu nem meu governo fomos avisados de que um acordo havia sido assinado. Só fomos tomar conhecimento do acontecido através de uma transmissão feita por Ngabo na Rádio Pequim. Foi um choque terrível quando ouvimos os termos do acordo. Ficamos estarrecidos com a mistura de clichês comunistas, afirmações triunfalistas completamente falsas e declarações insolentes feitas de meias-verdades. Os termos eram muito piores e mais opressivos do que qualquer coisa que pudéssemos ter imaginado.

O preâmbulo dizia que "nos últimos cem anos ou mais" forças imperialistas haviam invadido a China e o Tibet e "realizado todo tipo de imposturas e provocações" e que, "sob tais condições, a nacionalidade e o povo tibetanos foram lançados às profundezas da escravidão e do sofrimento". Isso era um absurdo total. Admitia que o governo chinês havia ordenado que o Exército de Libertação Popular invadisse o Tibet. Entre os motivos alegados havia o de que a influência de forças imperialistas agressivas no Tibet podia ser eliminada com sucesso e que o povo tibetano poderia ser libertado e assim retornar à "grande família" da República Popular da China.

Esse foi também o tema da Cláusula Um do acordo: "O povo tibetano deve se unir e expulsar do Tibet as forças imperialistas agressivas. O povo tibetano deverá retornar à grande família da terra-mãe – a República Popular da China." Ao lermos isso, refletimos amargamente que não houve quaisquer forças estrangeiras no Tibet desde que expulsamos as últimas forças chinesas em 1912. A Cláusula Dois estabelecia que "o governo local do Tibet deverá ajudar ativamente o Exército de Libertação Popular a entrar no Tibet e a consolidar a defesa nacional". A Cláusula Oito previa a absorção do exército tibetano pelo exército chinês. A Cláusula Quatorze destituía o Tibet de qualquer autoridade relativa a assuntos externos.

No meio dessas cláusulas, que nenhum tibetano jamais aceitaria, havia outras em que os chineses faziam muitas promessas: não alterar o sistema político existente no Tibet; não alterar o *status*, as funções e os poderes do Dalai-Lama; respeitar as crenças religiosas, os costumes e os hábitos do povo tibetano e proteger os mosteiros; desenvolver a agricultura, melhorar o padrão de vida do povo e não obrigá-lo a aceitar as reformas. Mas essas promessas eram um pequeno consolo diante do fato de que deveríamos nos render e entregar nosso país à China, deixando assim de existir como nação. No entanto, estávamos desamparados. Sem amigos, não havia nada que pudéssemos fazer a não ser concordar, submeter-nos às ordens dos chineses, apesar de nossa forte oposição, e engolir nossa indignação. Nossa única esperança era de que os chineses mantivessem sua parte nesse acordo unilateral forçado.

Pouco depois da assinatura do acordo, nossa delegação mandou um telegrama comunicando-me que o governo chinês havia nomeado um general chamado Chang Chin-wu como seu representante em Lhasa. Ele estava vindo pela Índia, em vez de usar o longo caminho através do Tibet Oriental. Yatung, onde eu estava hospedado, ficava em território fronteiriço tibetano na principal rota entre a Índia e Lhasa, de modo que era evidente que eu teria que encontrá-lo assim que ele entrasse em nosso país.

Eu não desejava esse encontro. Eu nunca havia visto um general chinês e a perspectiva era desagradável. Ninguém sabia como ele iria se comportar – se seria cordato ou chegaria como um conquistador. Alguns de meus assessores, desde a assinatura do acordo, achavam que eu deveria ir para a Índia por questões de segurança antes que fosse tarde demais e somente após alguma discussão todos concordaram que eu esperaria pela chegada do general e veria sua atitude, antes de decidirmos.

Alguns dos meus assessores seniores o receberam em Yatung. Eu estava hospedado num mosteiro próximo. Havia um belo pavilhão no terraço superior do mosteiro e combinamos que eu o receberia lá. Ele havia insistido em Yatung que nós dois deveríamos nos encontrar em igualdade de condições e por isso passamos por cima das dificuldades protocolares providenciando cadeiras sem distinções de autoridade para todos, em vez das almofadas que usávamos no Tibet.

Quando chegou a hora, fiquei olhando por uma janela para ver como era o general. Não sei exatamente o que eu esperava, mas o que vi foram três homens de roupas cinzentas e quepe pontudo que pareciam extremamente soturnos e insignificantes ao lado das figuras esplêndidas dos meus assessores em suas túnicas em vermelho e dourado. Eu não sabia então, mas este seria o estado ao qual a China nos reduziria a todos antes que tudo terminasse: soturno. A insignificância era certamente uma ilusão.

Mas, quando o séquito chegou ao mosteiro e subiu até meu pavilhão, o general mostrou-se amigável e informal. Os dois outros homens de casaco cinza eram seu ajudante-de-ordem e o intérprete. Ele me entregou uma carta de Mao Tsé-tung, que mais ou menos repetia a primeira cláusula do acordo, dando-nos as boas-vindas em nosso retorno à grande terra-mãe, uma expressão que eu já detestava. Então ele repetiu a mesma coisa através de seu intérprete. Eu lhe servi chá, e um observador que desconhecesse o que se passava em nossos corações poderia achar aquele encontro perfeitamente cordial.

A chegada do general a Lhasa não foi tão bem-sucedida. Eu transmiti instruções ao Gabinete dizendo que ele deveria ser adequadamente recebido e tratado como convidado do governo. Então, dois membros do Gabinete foram esperá-lo além do Norbulingka para recebê-lo com a cerimônia devida, e no dia seguinte os primeiros-ministros e o Gabinete ofereceram um jantar em sua homenagem. Mas isso não o satisfez. Ele queixou-se de que não o haviam homenageado com uma recepção à altura de um representante de nação amiga. Percebemos então que não era tão cordato e amigável quanto parecia.

No entanto, nessas circunstâncias, fui forçado a voltar para o Norbulingka e lá testemunhei os avanços subseqüentes do domínio militar chinês.

Dois meses após a chegada do general Chang Chin-wu, três mil oficiais e soldados do exército chinês marcharam sobre Lhasa. Logo depois chegou outro destacamento de tamanho semelhante, sob o comando de dois outros generais, Tang Kohwa e Tang Kuan-sen. A população de Lhasa observava sua chegada com a aparente indiferença que acredito ser a reação inicial de pessoas comuns diante de uma tal humilhação nacional. No início não houve qualquer contato entre os comandantes chineses e o nosso governo, exceto quando os chineses requisitaram provisões e acomodações. Esses pedidos, contudo, logo começaram a gerar desordem na cidade.

Os chineses requisitaram casas e também as compraram ou alugaram. Nas terras agradáveis de beira-rio, que sempre foram o sítio predileto para piqueniques no verão, eles tomaram posse de uma enorme área para instalar um acampamento. Requisitaram o empréstimo de duas mil toneladas de cevada. Na época, essa grande quantidade estava além das possibilidades dos silos do Estado devido a uma demanda excepcional e o governo precisou pedir emprestado a mosteiros e particulares. Outros tipos de alimentos foram também requisitados e os modestos recursos da cidade começaram a rarear e os preços a subir. Então outro general apareceu e com ele mais oito ou dez mil soldados. Confiscaram uma outra área para acampamentos e, sob o peso de sua demanda adicional por comida, nossa pequena economia sucumbiu. Eles não haviam trazido nada e esperavam ser alimentados com nossas escassas fontes de suprimentos. O preço dos grãos logo aumentou cerca de dez vezes, o da manteiga, nove vezes, e o das mercadorias em geral, duas ou três vezes. Pela primeira vez a população de Lhasa se encontrava à beira da fome. Sua indignação contra o exército chinês aumentou e as crianças começaram a andar pela cidade gritando *slogans* e atirando pedras nos soldados chineses – um sinal de que os adultos mal estavam conseguindo controlar sua exasperação. Começaram a chegar reclamações ao Gabinete, mas nada podia ser feito. As tropas chinesas haviam vindo para ficar e não aceitavam qualquer sugestão nem ajudavam nosso governo em nada. Ao contrário, suas exigências aumentavam a cada dia. Logo exigiram outras duas mil toneladas de cevada e tivemos que consegui-las. A isso chamavam de empréstimos, e os generais prometiam quitá-los investindo somas iguais na implantação de indústrias no Tibet, mas essa promessa jamais foi cumprida.

Enquanto as condições iam de mal a pior para a população de Lhasa, altas autoridades chinesas chegavam constantemente à cidade e uma longa série de reuniões foi convocada pelo general Chang Chin-wu. Membros do meu gabinete foram solicitados a comparecer, e coube principalmente a Lukhangwa, como meu primeiro-ministro leigo, tentar encontrar um equilíbrio entre as necessidades essenciais do povo e as exigências dos invasores. Ele teve a coragem de dizer claramente aos chineses que os tibetanos formavam uma comunidade religiosa humilde, cuja produção supria apenas suas próprias necessidades. Havia muito pouco excedente – talvez o suficiente para sustentar os exércitos chineses por um mês ou dois, não mais – e um excedente não poderia ser criado de uma hora para outra. Não havia motivo, observou ele, para manter tantas tropas em Lhasa. Se eram necessárias para defender o país, deveriam ser mandadas para as fronteiras e somente os oficiais, com uma escolta razoável, deveriam permanecer na cidade.

As respostas dos chineses foram bem polidas no início. O general Chang Chin-wu disse que o nosso governo havia assinado o acordo de que tropas chinesas deveriam ficar estacionadas no Tibet e, portanto, era nossa obrigação fornecer-lhes acomodações e suprimentos. Disse que eles tinham vindo apenas para ajudar o Tibet a desenvolver seus recursos e protegê-lo contra a dominação imperialista e que voltariam para a China assim que o Tibet fosse capaz de administrar seus próprios assuntos e proteger suas fronteiras. "Quando vocês forem capazes de se manter de pé", afirmou ele, "não ficaremos mais aqui, nem mesmo se vocês pedirem."

Lukhangwa absteve-se de assinalar que o único povo que havia ameaçado nossas fronteiras fora o próprio povo chinês e que administrávamos nossos próprios assuntos há séculos. Mas em outra reunião ele disse ao general que, apesar de sua garantia de que os chineses tinham vindo ajudar o Tibet, até aquele momento não haviam feito absolutamente nada para ajudar. Ao contrário, sua presença era uma séria provação e a maior parte de suas ações só fazia aumentar a raiva e a indignação do povo. Uma das ações que ele mencionou, mais importante para nós do que possa parecer, foi a queima de ossos de animais mortos dentro da Cidade Santa de Lhasa: isso era uma ofensa grave aos sentimentos religiosos dos tibetanos e provocou muitos comentários hostis.

Mas, em vez de discutir as causas da hostilidade do povo, Chang Chin-wu queria que nosso governo acabasse com aquilo. Entre outras queixas, disse que o povo andava pelas ruas de Lhasa cantando cantigas que menosprezavam os chineses. Ele sugeriu que nosso governo divulgasse uma declaração exigindo relações amigáveis com os chineses e redigiu um rascunho, passando-o para Lukhangwa. Quando Lukhangwa o leu, verificou ser uma ordem para suprimir a cantoria nas ruas e obviamente, em vez de divulgar algo tão ridículo, ele a reescreveu de maneira mais digna. Acho que os chineses nunca o perdoaram por isso.

Ao longo das várias reuniões, as queixas dos chineses foram ficando mais enérgicas. Embora estivessem tentando deixar claro para o povo, diziam eles, que haviam vindo ao Tibet apenas para ajudar os tibetanos, o comportamento da população piorava a cada dia. Disseram que reuniões públicas estavam sendo realizadas para criticar as autoridades chinesas, o que sem dúvida era verdade, e pediram ao Gabinete que proibisse tais reuniões. Isto foi feito, mas imediatamente a população de Lhasa pôs-se a colar cartazes e a distribuir panfletos pela cidade dizendo que estavam passando fome e pedindo aos chineses que voltassem para a China. Apesar da proibição, foi realizada uma grande reunião na qual foi redigido um memorando expondo as queixas do povo, revelando as condições críticas em Lhasa e pedindo que as tropas chinesas se retirassem, deixando apenas uns poucos oficiais na cidade. Uma cópia desse memorando foi enviada aos generais chineses e outra ao Gabinete. Os chineses disseram que o documento era resultado de incitações dos imperialistas e passaram a sugerir que havia certas pessoas em Lhasa que estavam deliberadamente criando dificuldades. Em uma ocasião, Chang Chin-wu chegou nos escritórios do Gabinete acusando raivosamente os dois primeiros-ministros de serem os líderes de uma conspiração para violar o acordo assinado em Pequim.

O padrão desses acontecimentos é penosamente familiar em qualquer país que já tenha sido vítima de uma invasão. Os invasores haviam chegado acreditando – com quanta sinceridade não se pode dizer – que tinham vindo como benfeitores. Pareceram ficar surpresos ao verem que o povo invadido não queria, de forma alguma, seus benefícios. À medida que crescia a indignação popular contra eles, não tentaram mitigá-la com uma retirada ou com concessões aos desejos da população. Tentaram reprimi-la com uma força cada vez maior e, em vez de assumirem a responsabilidade, buscaram bodes-expiatórios. No Tibet, os primeiros bodes-expiatórios foram os puramente imaginários "imperialistas" e Lukhangwa, o meu primeiro-ministro. Mas esse procedimento só podia levar ao desastre. A indignação popular não pode ser reprimida pela força durante muito tempo, pois a repressão sempre a torna mais forte. Esta lição, que parece tão óbvia, ainda não foi aprendida pelos chineses.

Durante todo esse período de crescente tensão, os chineses, de tempo em tempo, insistiam em passar por cima do meu gabinete e dos órgãos usuais do governo, buscando contato direto comigo. No início, meus dois primeiros-ministros estiveram sempre presentes às reuniões com os generais chineses para me aconselhar, mas numa determinada reunião

Chang Chin-wu perdeu totalmente a compostura em razão de algo dito por meu primeiro-ministro, o monge Losang Tashi. Foi um verdadeiro choque para mim, na minha idade. Eu nunca vira um homem adulto se portar daquela maneira. Mas, apesar da minha juventude, fui eu quem teve que intervir para acalmá-lo, e foi depois disso que começaram a exigir reunir-se comigo a sós. Sempre que vinham me encontrar, traziam uma escolta, que ficava postada do lado de fora da minha sala durante a entrevista. Essa exibição de falta de educação, para não dizer mais, ofendeu profundamente os tibetanos que dela ficaram sabendo.

A crise final entre os chineses e Lukhangwa surgiu por conta de um assunto que nada tinha a ver com o que o povo sofria em Lhasa. Uma reunião particularmente numerosa foi convocada por Chang Chin-wu. Meus primeiros-ministros e meu gabinete foram chamados e toda a alta hierarquia chinesa, civil e militar, estava presente. O general anunciou que era chegada a hora de as tropas tibetanas serem absorvidas pelo Exército de Libertação Popular, segundo os termos do Acordo de Dezessete Cláusulas, e como primeiro passo ele propôs que alguns jovens soldados tibetanos fossem selecionados para treinamento no quartel-general do exército chinês em Lhasa. Depois, disse ele, poderiam voltar aos seus regimentos e treinar os companheiros.

Diante disso, Lukhangwa falou com uma veemência nunca vista. Disse que a sugestão não era necessária nem aceitável e que constituía um absurdo mencionar os termos do Acordo de Dezessete Cláusulas. Nosso povo não aceitava o acordo e os próprios chineses haviam repetidamente violado seus termos. Seu exército ainda ocupava o Tibet Oriental e a área não havia sido devolvida ao governo do Tibet como deveria. O ataque ao Tibet era totalmente injustificável: o exército chinês entrara à força em território tibetano enquanto as negociações de paz ainda estavam em andamento. Quanto à absorção das tropas tibetanas pelo exército chinês, o acordo rezava que o governo chinês não forçaria os tibetanos a aceitar reformas. Esta era uma reforma com a qual o povo do Tibet se sentiria profundamente ofendido, e ele, como primeiro-ministro, não a aprovaria.

Os generais chineses responderam serenamente que a questão, afinal de contas, não tinha tanta importância e que podiam entender por que o governo tibetano a ela se opunha. Então eles mudaram ligeiramente de atitude. Propuseram a retirada das bandeiras do Tibet de todas as barracas tibetanas e que no seu lugar fossem hasteadas bandeiras da China. Lukhangwa disse que, se bandeiras chinesas fossem hasteadas nas barracas, os soldados certamente as tirariam de lá, o que seria constrangedor para os chineses. Durante essa discussão em torno das bandeiras, Lukhangwa disse abertamente que era um absurdo que os chineses, depois de violarem a integridade do Tibet, pedissem aos tibetanos para manterem com eles relações amistosas. "Se você bater na cabeça de um homem e quebrar seu crânio", falou ele, "não pode esperar que ele seja amigável." Isso deixou os chineses realmente enfurecidos. Eles encerraram a reunião propondo a convocação de outra para dali a três dias.

Quando os representantes se reuniram novamente, outro general, Fan Ming, atuou como porta-voz dos chineses. Ele perguntou a Lukhangwa se ele não havia se enganado em suas declarações na última reunião, sem dúvida esperando desculpas. Mas Lukhangwa, é claro, manteve tudo o que dissera. Era seu dever, acrescentou, expor a situação francamente, pois circulavam rumores por todo o Tibet dando conta de violências dos chineses nas províncias orientais e os ânimos estavam exaltados. Se as propostas chinesas relativas ao exército fossem aceitas, a reação certamente seria violenta não apenas por parte do exército, mas do povo tibetano em geral.

Ao ouvir essa resposta, o general Fan Ming perdeu a compostura e acusou Lukhangwa de manter relações clandestinas com potências imperialistas estrangeiras e disse, aos berros, que iria pedir-me para demitir Lukhangwa de seu cargo. Lukhangwa respondeu que certamente se eu, o Dalai-Lama, estivesse convencido de que ele havia feito algo de errado, ele abriria mão não apenas de seu cargo, como também de sua vida. O general Chang Chin-wu então interveio, dizendo que Fan Ming estava enganado e pedindo aos nossos representantes que não levassem muito a sério o que ele dissera. A reunião terminou mais uma vez sem acordo.

No entanto, apesar da intervenção pacificadora de Chang Chin-wu, recebi um relatório escrito, logo após essa reunião, no qual os chineses insistiam que Lukhangwa não tinha a intenção de melhorar as relações entre o Tibet e a China, sugerindo que ele fosse destituído do cargo. Fizeram a mesma exigência ao Gabinete, que me expôs sua conclusão de que seria realmente melhor que os dois primeiros-ministros renunciassem. A crise então chegou ao seu auge e eu me vi diante de uma decisão muito difícil. Fiquei muitíssimo admirado com a coragem de Lukhangwa em desafiar os chineses, mas agora eu precisava decidir entre mantê-lo no cargo ou baixar mais uma vez a cabeça a uma exigência dos chineses.

Havia duas considerações: a segurança pessoal de Lukhangwa e o futuro do nosso país como um todo. Quanto à primeira, era inquestionável. Lukhangwa já pusera sua vida em perigo. Se eu me recusasse a exonerá-lo do cargo, era muito provável que os chineses se livrassem dele à sua própria maneira.

Quanto à questão mais geral, minha percepção havia evoluído ao longo desse período de tensão. Eu ainda não recebera lições teóricas sobre os enredamentos da política internacional. Minha formação religiosa era tudo com o que eu contava para o exame desses problemas, além do amparo, acredito, do senso comum. Mas eu acreditava e ainda acredito que a formação religiosa é um guia de alta confiança.

Ponderei que, se continuássemos a contrariar e a enfurecer as autoridades chinesas, cairíamos num círculo vicioso de repressão e indignação popular. No final, isso certamente levaria a explosões de violência física. E, no entanto, a violência seria inútil, pois não havia, possivelmente, como nos livrarmos dos chineses usando meios violentos. Eles iriam sempre nos vencer se os combatêssemos e nosso povo desarmado e não-organizado seria a vítima. Nossa única esperança seria convencer pacificamente os chineses a cumprir as promessas que haviam feito no seu acordo. A não-violência era o único caminho que poderia nos restituir um certo grau de liberdade, talvez ao final de anos de paciência. Isso significava cooperação sempre que possível e resistência passiva sempre que cooperar não fosse possível.

Além do mais, a oposição violenta não era apenas impraticável, era também antiética. A não-violência era a única saída moral. Esta não era apenas a minha mais profunda crença, estava também em acordo absoluto com os ensinamentos do

Senhor Buda e, como líder religioso do Tibet, eu me determinei a defendê-la. Nós seríamos humilhados e nossas heranças mais caras poderiam, por algum tempo, parecer perdidas, mas, caso isso acontecesse, a humildade deveria ser nosso quinhão. Eu estava certo disso.

Portanto, aceitei com tristeza a recomendação do Gabinete e pedi aos primeiros-ministros que renunciassem. Eles vieram me visitar e eu lhes ofereci *écharpes*, presentes e uma fotografia minha. Percebi que eles entenderam muito bem minha situação. Não nomeei substitutos, pois não adiantava ter primeiros-ministros para fazer o papel de bodes-expiatórios para os chineses. Era melhor eu mesmo arcar com as responsabilidades, já que minha posição era indisputável aos olhos de todos os tibetanos. Mais tarde, Lukhangwa foi para a Índia e tornou-se meu primeiro-ministro no exílio até que sua idade avançada obrigou-o a se afastar, porém ele continua sendo meu conselheiro de confiança. Mas me dói dizer que, em 1959, depois que deixei o Tibet, Losang Tashi, o primeiro-ministro monge, foi posto na prisão pelos chineses e ainda não foi libertado.

Quando esse incidente terminou, a atitude dos chineses tornou-se mais amigável e conciliatória. Eles sugeriram ao Gabinete que uma delegação de funcionários do governo tibetano, juntamente com monges, comerciantes e pessoas de outras categorias, deveria ser enviada à China para ver com seus próprios olhos, como eles mesmo disseram, que o povo chinês tinha absoluta liberdade para praticar sua religião. Nós aceitamos essa sugestão e escolhemos os membros da delegação. Eles foram levados numa excursão guiada à China e, quando voltaram, apresentaram um relatório que todos sabiam haver sido escrito sob as ordens dos chineses.

Então eu mesmo fui convidado pelo governo chinês a visitar a China. Embora as relações entre meu governo e as autoridades chinesas no Tibet tivessem melhorado um pouco, eu ainda estava muito decepcionado com seu radical descaso pelo bem-estar e interesses do nosso povo. Eu achava que devia me encontrar com as mais altas autoridades da China e tentar persuadi-las a cumprir as promessas feitas no acordo que nos haviam impingido. Assim, decidi que iria.

6

Na China Comunista

A população de Lhasa estava relutante quanto à minha ida à China. Eles temiam que não me deixassem mais voltar. Mas eu não tinha medo de ser feito prisioneiro e já havia decidido que era minha obrigação ir. Assim, em uma cerimônia religiosa no Norbulingka, assistida por um grande número de pessoas, fiz o possível para tranqüilizá-los com a promessa de que estaria de volta no máximo dentro de um ano.

Nessa época estava sendo organizada em Pequim uma sessão da Assembléia Nacional do Povo Chinês para formular uma constituição, e os chineses haviam reservado dez cadeiras na assembléia para o Tibet. Os representantes chineses eram supostamente eleitos, mas me pediram para nomear os membros tibetanos, e o governo chinês sugeriu que eu próprio liderasse a delegação. Muitos dos nossos achavam que não estava à altura da dignidade do Dalai-Lama ser um membro de tal assembléia, mas me pareceu que não ganharíamos nada se recusássemos. Ao contrário, poderíamos perder alguma chance de autonomia que ainda detínhamos, enquanto que, se aceitássemos, talvez pudéssemos persuadir os chineses a manter suas promessas.

Assim, deixei Lhasa em 1954. Uma cerimônia religiosa foi realizada às margens do rio, onde o povo de Lhasa se reuniu para se despedir de mim. Evidentemente estavam muito tristes e deprimidos com a minha partida, e eu mesmo não podia ter qualquer expectativa prazerosa com relação à minha primeira viagem para fora do Tibet.

A longa viagem começou de carro. Os chineses haviam trazido para Lhasa muitos veículos, em sua maioria militares, e estradas estratégicas estavam sendo construídas desde o leste e o noroeste. A construção das estradas havia sido outra fonte de opressão e insatisfação. Trabalhadores tibetanos foram recrutados, pois ninguém se apresentou como voluntário, e sua remuneração era extremamente baixa. Terras foram requisitadas, grande parte sem qualquer indenização. Terras cultiváveis foram tomadas, obrigando nosso governo a providenciar outras terras para os camponeses despejados, porém na maior parte dos casos não havia mais terras férteis na mesma área. Não há dúvida de que as estradas eram necessárias para o desenvolvimento de nosso país, uma necessidade, mas foi uma injustiça e uma afronta aos camponeses a maneira pela qual os chineses as construíram.

Percorremos de automóvel os primeiros cento e quarenta quilômetros. Depois disso, tivemos que prosseguir a cavalo, modo de viajar preferido dos tibetanos. Havia chovido muito e em alguns trechos onde era impossível cavalgar tínhamos que caminhar na lama. E, quando a estrada contornava a encosta de alguma montanha, víamos pedras enormes rolando do topo, cruzando a estrada e caindo no rio, centenas de metros abaixo. A estrada semiconstruída era tão perigosa que três pessoas morreram durante nossa viagem – além de muitos jumentos e cavalos.

Então, por mais dez dias, viajamos de jipe, embora a estrada fosse ainda muito acidentada. Nos últimos seis dias atravessamos uma região predominantemente tibetana, embora, como meu distrito natal, houvesse sido tomada há muito pelos chineses e mantida sob seu domínio. A maior parte do povo descendia dos tibetanos originais e onde quer que eu parasse para passar a noite tinha que conceder audiências públicas. Todos insistiam que, voltando da China, eu passasse alguns dias entre eles.

No lugar chamado Tachienlu atravessamos a montanha, famosa na história do Tibet, que marcava a antiga fronteira original entre o Tibet e a China. Do outro lado pudemos logo ver que estávamos de fato em país estrangeiro. As pessoas tinham aparência de chineses – as casas, as roupas, as atitudes e costumes eram inteiramente diferentes. Começamos a ver casas de chá à beira da estrada – um nítido sinal de que estávamos na China. Seguimos de carro até a cidade chinesa de Chengtu, onde pegamos um avião até Sian e de lá fomos num trem especial para Pequim.

Alguns anos antes, quando meu interesse por artefatos mecânicos era grande, viajar de avião ou de trem teria sido como um sonho glorioso. Mas agora que, pela primeira vez, eu tinha essas experiências, estava demasiado apreensivo com nossos reveses políticos e com a minha própria responsabilidade para delas desfrutar.

Em Sian, o Panchen Lama juntou-se a nós. Ele era mais jovem que eu, embora as pessoas dissessem que parecia mais velho. Eu tinha dezenove anos então, e ele, dezesseis. Ele havia sido criado em condições tremendamente difíceis.

Os Panchen Lamas, assim como os Dalai-Lamas, são altas encarnações. A primeira encarnação de ambos aconteceu no décimo quarto século cristão. Desde então, entre os lamas, os Panchen Lamas estiveram abaixo apenas dos Dalai-Lamas em autoridade religiosa no Tibet, mas jamais tiveram qualquer autoridade secular. Ao longo da nossa história as relações entre os dois sempre foram absolutamente cordiais, como convém a importantes líderes religiosos. Na maior parte das gerações, o mais novo tornou-se discípulo do mais velho.

Mas deu-se um desentendimento entre nossos antecessores imediatos por volta de 1910, na época em que os chineses invadiram o Tibet e o Décimo Terceiro Dalai-Lama teve que fugir para a Índia. Alguns dos assistentes do Panchen Lama de então aproveitaram a ausência do Dalai-Lama para reclamar dos impostos arrecadados pelo governo e de outras questões seculares semelhantes. Os chineses, vendo a divergência incipiente, fizeram todo o possível para ampliá-la, decerto na esperança de, dividindo o Tibet, torná-lo uma presa ainda mais fácil para seu ataque. Eles não conseguiram dividir o Tibet, como já contei, e os tibetanos os expulsaram do país. Mas as divergências entre os dois lamas prosseguiram e, alguns anos depois, o Panchen Lama foi para o território controlado pelos chineses na fronteira. Lá ele viveu pelo resto de sua vida e morreu, acredito que desgostoso, em 1937.

Nessas circunstâncias, passou-se um tempo inusitadamente longo antes de se dar início à busca à sua reencarnação. Em 1950, dois possíveis candidatos haviam sido encontrados no Tibet, e os chineses apresentaram um candidato vindo do território que governavam. Durante as negociações em Pequim, que resultaram no chamado Acordo de 1951, recebi um telegrama de Ngabo, o líder da nossa delegação, dizendo que, se o candidato chinês não fosse aceito, isso atrapalharia suas negociações. Naturalmente o governo e os líderes monásticos queriam realizar os testes tradicionais, mas, como naquele momento isso era impossível, o atual Panchen Lama foi sendo aceito gradualmente como a verdadeira reencarnação. Ele já tinha então onze ou doze anos.

É evidente que toda a sua educação e instrução estiveram sujeitas à influência chinesa, primeiro sob o regime de Chiang Kai-shek e depois sob os comunistas. E os chineses certamente haviam se utilizado dele para seus próprios fins políticos, sabendo que ele era jovem demais para se opor. Por exemplo, quando o governo comunista conquistou a China, um telegrama de congratulações lhe foi enviado e publicado em seu nome, embora ele só tivesse dez anos na época e ainda não houvesse sido aceito como a reencarnação. E muitas pessoas, sem dúvida, acreditaram que esse telegrama fora enviado pelos círculos oficiais tibetanos.

Eu já me encontrara com o Panchen Lama uma vez. Ele foi a Lhasa me visitar em 1953, quando tinha quatorze anos. Obviamente foi levado por uma comitiva de autoridades chinesas, além de seus próprios seguidores monásticos. Ele me foi formalmente apresentado da forma cerimoniosa tradicional, como meu júnior não apenas em idade, mas também em posição. Mas eu percebi, naquele primeiro encontro, que os chineses e algumas autoridades de seu próprio grupo não gostaram dos nossos costumes antigos. Eles teriam gostado de ver o Panchen Lama sentado no mesmo nível que eu. Por isso, aquele primeiro encontro foi embaraçoso e não muito bem-sucedido. Mas no mesmo dia nos encontramos de novo informalmente durante um almoço privado e devo dizer que nos demos bem. Ele demonstrou um autêntico respeito pela minha posição, como exige o costume budista em relação a um monge sênior. Foi correto e agradável em suas maneiras – um verdadeiro tibetano –, e eu tive a firme impressão de uma espontânea benevolência. Fiquei certo de que, se dependesse dele, teria apoiado sinceramente o Tibet contra as usurpações dos chineses.

Ao final da visita a Lhasa, sua comitiva chinesa evitou a costumeira despedida formal, mas ele foi até o Norbulingka despedir-se de mim em particular. Notei uma diferença em sua atitude, como se ele tivesse sido advertido a comportar-se de maneira superior. Mas lembrei-lhe da extrema importância, tanto para ele quanto para mim, de prosseguir os estudos religiosos e sugeri que, já que éramos jovens, deveríamos esquecer as divergências dos nossos antecessores e estabelecer um novo começo, com o que ele concordou.

Eu lamentava sinceramente essas velhas divergências e ainda as lamento. Não acho que ele tenha podido esquecê-las totalmente, devido à contínua doutrinação chinesa. Se ele e seus seguidores tivessem tido essa possibilidade, a desventura do Tibet poderia ter sido menor. Os chineses estavam tentando fazer com a nossa geração exatamente o que não haviam conseguido fazer com a última, e o fato de terem um líder religioso tibetano em cujo nome podiam fazer suas declarações foi certamente uma vantagem. Mas o Panchen Lama não pode ser culpado pessoalmente. Nenhum menino que tenha crescido sob uma influência alienígena tão concentrada e constante seria capaz de conservar seu livre-arbítrio. Mas, apesar dessa influência, não acredito que ele abandone nossa religião em favor do comunismo.

Depois de nos encontrarmos em Shingnan, seguimos juntos

para Pequim, onde fomos recebidos pelo Vice-Presidente Chu Te, pelo Primeiro-Ministro Chou En-lai e outras autoridades do governo de Pequim. Havia multidões para nos dar as boas-vindas na estação ferroviária, em sua maioria estudantes ou membros de ligas juvenis, que batiam palmas e nos saudavam com grande alarido. Mas eu tive uma sensação de cinismo, de que eles teriam se mostrado igualmente hostis se esta tivesse sido a instrução recebida. Isso me lembrou uma conversa que consta ter sido ouvida quando uma autoridade chinesa estava em visita a um vilarejo tibetano. Os aldeões haviam se reunido para saudá-lo e bateram palmas com entusiasmo. Satisfeito, ele perguntou a um deles se estava feliz com o novo regime.

– Sim, bastante feliz – respondeu o tibetano.

– Excelente.

– O único problema é que não gostamos dessa nova taxa.

– Nova taxa?

– Sim. A taxa das palmas. Toda vez que um chinês aparece por aqui todos temos que vir para a rua bater palmas.

Lembrando que desde sempre muitas taxas tibetanas haviam sido pagas por meio de trabalhos mais ou menos desagradáveis, a história tem uma aura de verdade.

Na noite em que chegamos, Chu Te ofereceu um banquete em homenagem a mim e ao Panchen Lama. Eram duzentos lugares e tudo tinha uma escala tão grandiosa e farta que fiquei realmente surpreso. As baixelas eram da mais fina qualidade e foram servidos vinhos chineses, embora obviamente nenhum membro da nossa delegação tenha bebido, com exceção de uns poucos leigos. Chu Te fez um discurso de boas-vindas, dizendo que os tibetanos haviam retornado à sua terra-mãe e que o governo da China faria o possível para ajudá-los. Tudo ali era uma experiência totalmente nova para mim e eu não sabia bem como lidar com aqueles membros do governo chinês. Mas havia um consolo – todos eram corteses e polidos e pareciam ter grande cultura e boa educação.

Dois dias depois, encontrei-me com Mao Tsé-tung pela primeira vez. Foi uma entrevista memorável. O encontro foi realizado na Casa de Recepção, onde habitualmente os visitantes ilustres eram apresentados ao presidente do Partido Comunista Chinês. Mao Tsé-tung tinha vários assistentes, entre os quais Liu Shao-chi, que agora é presidente da República, e eu estava acompanhado por quatro ou cinco funcionários.

Mao Tsé-tung começou dizendo que estava feliz pelo Tibet ter voltado à terra-mãe e por eu ter concordado em participar da Assembléia Nacional. Disse que a missão da China era levar o progresso ao Tibet desenvolvendo seus recursos naturais e que os generais que estavam em Lhasa, Chang Chin-wu e Fan Ming, se encontravam lá como representantes da China para ajudarem a mim e ao povo do Tibet. Eles não tinham ido ao nosso país para exercer qualquer tipo de autoridade sobre o governo ou o povo tibetano. E aí ele me perguntou sem rodeios se esses representantes chineses haviam feito alguma coisa contra a minha vontade.

Percebi como a situação era difícil. Eu estava certo de que, a não ser que conseguisse manter uma atmosfera amigável, nosso país iria sofrer muito mais do que já sofrera. Então eu lhe disse que o povo do Tibet tinha muitas esperanças no futuro sob a sua liderança e que, portanto, sempre que ocorreram diferenças com os representantes chineses havíamos expressado nossas opiniões com franqueza.

Minha entrevista seguinte com ele durou cerca de três horas

e não havia mais ninguém presente, afora um intérprete. Mais uma vez, é claro, falamos principalmente sobre o Tibet e seu futuro. Fiz-lhe um relato pessoal sobre os acontecimentos recentes no Tibet, tentando esclarecer quaisquer dúvidas que ele pudesse ter sobre a nossa situação. Eu queria despertar nele uma sensação de confiança, pois ainda estava convencido de que nós não poderíamos nos livrar do domínio chinês pelo caminho da oposição intransigente. Só podíamos esperar atenuá-lo e tentar pacientemente fazê-lo transformar-se em algo tolerável.

Fui alertado, por membros de uma delegação de comércio tibetana que estivera na China em 1953, que os líderes comunistas chineses tinham sérias dúvidas a meu respeito, principalmente devido ao tesouro que eu havia depositado na Índia e ao fato de que eles, aparentemente, pensavam que alguns membros de minha família mantinham estreitas ligações com outras potências estrangeiras. Isso era totalmente inverídico, e eu aproveitei essa oportunidade para dizê-lo a Mao Tsé-tung. Os chineses me perguntavam freqüentemente sobre o tesouro e eu sempre lhes respondi que estava pensando em levá-lo de volta para Lhasa. Eu realmente estava, mas felizmente não o fiz.

Mao pareceu bastante satisfeito com o que lhe contei e disse que, num primeiro momento, o governo chinês havia decidido criar um comitê composto de membros políticos e militares para governar o Tibet, sob supervisão direta do governo chinês, mas que ele não considerava mais isso necessário. Talvez, pensei, esta fosse uma vitória da minha política. Em vez disso, ele acrescentou, haviam agora decidido criar um Comitê Preparatório da Região Autônoma do Tibet. Ele pediu a minha opinião, mas esse era um assunto importante demais para um julgamento tão rápido e eu lhe disse que não gostaria de fazer qualquer comentário sem consultar outros tibetanos, inclusive o Panchen Lama.

Isso o levou a mencionar as desavenças entre o Panchen Lama e o que ele insistia em chamar de "governo local do Tibet". Ele sugeriu que, já que ambos estávamos em Pequim, devíamos aproveitar a oportunidade para resolver nossas divergências. Eu disse a ele que essas divergências eram um legado do passado e que pessoalmente eu não tinha qualquer divergência com o Panchen Lama. Se houvesse qualquer desavença remanescente, eu ficaria feliz em esclarecê-la.

Poucos dias depois, recebi uma mensagem de Mao Tsé-tung avisando que viria encontrar-se comigo dentro de uma hora. Ao chegar, disse que viera apenas para uma visita breve. Então, por alguma razão, ele disse que o budismo era uma religião muito boa e o Senhor Buda, embora fosse um príncipe, dedicara muita atenção à questão da melhoria das condições de vida do povo. Afirmou também que a deusa Tara era uma mulher de grande coração. Após alguns poucos minutos, foi embora. Fiquei totalmente perplexo com esses comentários, sem saber o que pensar daquilo.

Certa vez, enquanto eu estava em Pequim, tive a oportunidade de ver Mao Tsé-tung em ação como o grande líder da China comunista. Fui convidado para uma reunião em sua casa, na qual estavam presentes cerca de vinte altos funcionários, e eu me sentei ao seu lado e pude sentir o impacto de sua personalidade. O assunto da reunião era o padrão de vida dos camponeses chineses. Ele falou rudemente e, a meu ver, com grande sinceridade, dizendo que ainda não estava satisfeito com o que vinha sendo feito a esse respeito. Citou cartas vindas de sua própria aldeia informando que as autoridades comunistas não estavam fazendo tudo o que deveriam para ajudar as pessoas. Depois de algum tempo, virou-se para mim e disse que os tibetanos eram firmes, ou teimosos, em relação às suas idéias, mas que em vinte anos o Tibet iria ser forte. Agora a China estava ajudando o Tibet, mas em vinte anos o Tibet é que iria ajudar a China. Ele referiu-se ao grande líder militar chinês Shi Ring-gnow, que levara seus exércitos a muitas vitórias, mas que finalmente encontrara nos tibetanos um adversário à altura. Mais uma vez fiquei bastante surpreso com suas afirmações, mas desta vez, pelo menos, suas observações foram mais aceitáveis.

Minha entrevista final com esse homem notável foi quase no fim da minha visita à China. Eu estava numa reunião do Comitê Permanente da Assembléia Nacional quando recebi uma mensagem pedindo que fosse encontrá-lo em sua casa. Nessa ocasião, eu já havia percorrido as províncias chinesas e pude dizer-lhe, sinceramente, que ficara bastante impressionado e interessado por todos os projetos de desenvolvimento que vira. Então ele começou uma longa aula sobre a verdadeira forma da democracia e me deu conselhos de como me tornar um líder do povo e de como tirar proveito das sugestões populares. Chegou mais perto de mim em sua cadeira e sussurrou: "Eu o compreendo muito bem. Mas, é claro, religião é veneno. Ela tem dois grandes defeitos: mina as bases da raça e retarda o progresso do país. O Tibet e a Mongólia foram envenenados por ela."

Fiquei completamente pasmo: onde é que ele queria chegar? Tentei me tranqüilizar, mas não sabia como interpretá-lo. Claro, tinha consciência de que ele devia ser um inimigo ferrenho da religião, mas no entanto ele parecia ser genuinamente amigável e afetuoso comigo. Ele me acompanhou até o carro depois dessas observações extraordinárias e seu último conselho foi meramente o de que eu cuidasse de minha saúde.

Fiquei muito impressionado com a personalidade singular de Mao Tsé-tung. Encontrei-o diversas vezes socialmente, além dos encontros particulares que tivemos. Sua aparência não refletia seu poder intelectual. Não tinha um ar saudável e estava sempre ofegante. Sua roupa tinha o mesmo estilo que a de todos os chineses, embora em geral as cores fossem diferentes. Mas ele não ligava muito para o que vestia e certa vez notei que os punhos de sua camisa estavam puídos. Seus sapatos pareciam nunca ter sido engraxados. Ele era vagaroso em seus movimentos e mais ainda no falar. Era de poucas palavras e usava frases curtas mas cheias de significado, geralmente claras e precisas, e fumava sem parar enquanto conversava. Mas seu modo de falar certamente atraía a atenção e a imaginação de seus ouvintes e passava a impressão de bondade e sinceridade. Eu não tinha dúvida de que ele acreditava no que dizia e estava certo de poder atingir suas metas, quaisquer que fossem. Também estava convencido de que ele mesmo jamais usaria a força para converter o Tibet num estado comunista. Certamente me decepcionei posteriormente com a política de perseguição que foi adotada pelas autoridades chinesas no Tibet, mas ainda acho difícil acreditar que essa opressão tivesse a aprovação e o apoio de Mao Tsé-tung.

Outra importante figura da hierarquia chinesa era Chou En-lai, o primeiro-ministro, e a impressão que tive dele foi totalmente diversa. Eu o encontrei pela primeira vez quando ele foi à estação ferroviária me receber e tive diversas conversas curtas com ele durante minha permanência na China. Em uma delas ele me deu muitos conselhos sobre o futuro do Tibet, falando da importância de erguer e desenvolver o país o mais rápido possível. Eu lhe falei que sabíamos que nosso país era atrasado e que agora seria possível melhorar o padrão de vida e modernizar a administração. Como disse antes, eu já havia começado a fazer isso. Mas acrescentei que para desenvolvermos nossos recursos naturais precisaríamos antes de mais nada de ajuda econômica.

Sempre achei Chou En-lai amistoso, embora não fosse franco e receptivo como Mao Tsé-tung me pareceu ser. Era extremamente educado, cortês e suave, parecendo ter total controle sobre si mesmo. Por isso fiquei bastante surpreso ao ouvir recentemente um relato de um encontro no Nepal em que ele teve um acesso de fúria e se pôs a socar a mesa. Em nosso primeiro encontro, notei que era perspicaz e dotado de uma inteligência brilhante. Também tive a impressão de que seria implacável na realização de qualquer projeto que estivesse sob sua responsabilidade. Não fiquei nem um pouco surpreso, como teria ficado com relação a Mao Tsé-tung, em saber mais tarde que ele aprovara a política de opressão no Tibet.

Em minha permanência em Pequim, conheci também alguns estrangeiros ilustres, mas apenas superficialmente. Fui apresentado ao embaixador russo em um jantar e conversamos brevemente. Ele disse que gostaria de conversar comigo muito mais longamente, e eu, satisfeito, concordei. Mas esse encontro nunca aconteceu, e comecei a perceber que os chineses não queriam que eu tivesse a oportunidade de conversar francamente com estrangeiros. Episódio exatamente igual aconteceu com um ministro romeno. Tive, sim, uma conversa com o embaixador indiano. Os chineses não podiam impedir que eu me encontrasse com ele, já que a Índia era um país vizinho muito chegado, mas insistiram em mandar ao encontro intérpretes chineses. O meu próprio intérprete era capaz de traduzir muito bem do tibetano para o inglês, enquanto que os chineses precisavam traduzir o que eu dizia primeiro para o chinês, de modo que outro intérprete traduzisse para o inglês. Portanto o ambiente era formal e constrangido e pouca coisa pôde ser dita. Estavam também presentes duas outras autoridades chinesas, pessoas extremamente graves e pomposas. Durante o encontro uma grande travessa de frutas foi derrubada e minha principal lembrança da ocasião é a imagem daqueles dois distintos cavalheiros de gatinhas debaixo da mesa, a recolher laranjas e bananas.

Também tive o privilégio de conhecer o Sr. Khrushchev e o Sr. Bulganin quando estiveram em Pequim participando da comemoração do dia nacional chinês. Fui ao aeroporto recebê-los e houve outro encontro em uma recepção nessa mesma noite. Mas não trocamos idéias ou pontos de vista.

Foi também em Pequim que tive o prazer de encontrar pela primeira vez o Sr. Nehru, embora este não fosse talvez um lugar auspicioso para nosso encontro. Nessa ocasião tomei consciência do perigo de ser mal entendido por repórteres. Eles afirmaram que eu associei o Sr. Nehru à política pró-China. Isso não é verdade. Eu tinha ouvido falar e lido muita coisa sobre o Sr. Nehru e estava ansioso para conversar e pedir seus conselhos, mas enquanto estivemos na China isso não aconteceu. Fui apresentado a ele por Chou En-lai em um coquetel. Nehru parecia absorto em pensamentos e por alguns instantes não falou nada. Eu lhe disse que seu nome e reputação como um importante estadista mundial haviam chegado ao Tibet, apesar do nosso isolamento, e que eu estava ansioso para conhecê-lo. Ele sorriu, mas respondeu apenas que tinha tido prazer em me conhecer. Embora o tenha visto em outras ocasiões, essas foram as únicas palavras que troquei com ele na China. Tampouco ele perguntou se havia alguma coisa que a Índia pudesse fazer para ajudar o Tibet. Fiquei decepcionado por não poder conversar com ele, pois gostaria muito de ter tido sua ajuda e conselhos, mas esse desejo só foi realizado no ano seguinte, quando fui à Índia.

Foi em uma recepção durante a visita do Sr. Nehru que um representante da imprensa indiana veio me entrevistar com um intérprete chinês. Ele me perguntou o que eu achava da visita do Sr. Nehru à China. Eu disse que esperava que esses dois grandes países se aproximassem ainda mais, dando assim um exemplo para a Ásia e para o mundo. Ele então me perguntou se eu estava preparado para introduzir reformas no Tibet, e eu lhe respondi que desde que assumira o poder no Tibet vinha fazendo o possível para introduzir reformas na nossa vida política e social e que esperava que meu empenho fosse bem-sucedido e que ele ficaria sabendo dos resultados das reformas em pouco tempo. Mas naquele momento um funcionário chinês nos interrompeu e me levou dali. Achei curioso ver o intérprete chinês anotando apressadamente toda a nossa conversa. Ele me disse depois que tinha ordens de anotar tudo o que eu dizia para informar às autoridades.

Eu também ofereci um jantar em Pequim para celebrar o Ano Novo tibetano e retribuir a hospitalidade que me concederam. Tudo foi feito de acordo com as tradições e os costumes do Tibet. Nos convites que enviamos havia desenhos do que chamamos de "Os Quatro Irmãos Unidos" – um elefante, um macaco, um coelho e uma ave. A ave, símbolo de bom augúrio, representa o Senhor Buda, e os desenhos tinham a intenção de enfatizar, do nosso ponto de vista, a "união das nacionalidades", que os chineses sempre louvavam. Tive o prazer de encontrar diversas autoridades chinesas nessa ocasião, inclusive Mao Tsé-tung, e mais uma vez fiquei impressionado com suas maneiras encantadoras, sua cortesia e cultura. Não tivemos cerimônias religiosas durante a festa, mas havia a decoração habitual de Ano Novo e um tipo especial de bolo feito no Tibet para essa ocasião. É nosso costume pegar um pequeno pedaço desse bolo e jogá-lo para o teto como uma oferenda a Buda. Quando Mao Tsé-tung soube desse costume, jogou um pedaço para o teto e, com uma expressão travessa, jogou outro pedaço no chão.

Intercaladas com esses encontros sociais havia longas reuniões da Assembléia Nacional. Essas foram minhas primeiras experiências de reuniões políticas e me impressionou o fato de muitos participantes não mostrarem qualquer interesse pelo que estava se passando. Tenho que admitir que eu mesmo não consegui me interessar muito. Eu já andava cansado pela longa viagem à China e as sessões eram em chinês, que eu não entendia. Eu esperava que os próprios chineses estivessem mais atentos, mas observei alguns delegados idosos e eles pareciam ainda mais cansados e entediados do que eu. Suas expressões revelavam sua incapacidade de acompanhar o teor das discussões. Estavam sempre atentos ao relógio, esperando o intervalo do chá, e, quando este era mais curto do que o previsto, eles reclamavam.

Assisti a muitas outras conferências na China, e a minha

impressão permaneceu a mesma. Quando os discursos vinham da Assembléia eram, em geral, irrelevantes e, na maior parte dos casos, meros ecos da glorificação das conquistas do comunismo. Quando os participantes expunham pontos de vista próprios, isto não fazia a menor diferença. Se um membro sênior do partido se levantasse e manifestasse a opinião oficial, o presidente a acataria sem permitir outras discussões. Havia debates autênticos nos comitês, mas não afetavam as decisões do partido. Em resumo, as longas reuniões e conferências eram formalidades vazias, pois nenhum delegado tinha o poder de alterar nada, mesmo que estivesse suficientemente interessado em fazê-lo.

Encontrei uma atmosfera bastante diferente quando visitei o Parlamento indiano no ano seguinte. Depois de minha experiência chinesa de discussão política, foi uma grata surpresa ouvir membros ordinários de um parlamento indiano falando livre e francamente, e criticando o governo com termos severos. Fiquei tão impressionado que comentei sobre isso com Chou En-lai, que na ocasião estava em Nova Delhi, mas ele apenas respondeu que as coisas tinham mudado inteiramente desde minha visita a Pequim.

Guardo uma outra lembrança das reuniões políticas chinesas: o tamanho colossal dos discursos dos líderes. Todos eles pareciam ter uma apaixonada devoção à oratória e nunca perdiam a chance de expor suas opiniões. Lembro-me especialmente do discurso proferido por Chou En-lai depois de participar da conferência de Bandung. Eu estava voltando para o Tibet e fiquei retido em Chengtu devido a um terremoto na estrada. Chou En-lai e o marechal Chen Yi, um vice-presidente do partido, também passaram por lá vindos da conferência e a caminho da

China. Avisaram-me que eles estavam chegando e fui encontrá-los no campo de aviação. Chou En-Lai dirigiu-se à casa onde eu estava hospedado, tivemos uma conversa de alguns minutos e fomos para o salão militar local. Estavam lá entre trezentas e quatrocentas pessoas e ele começou um discurso sobre o sucesso da delegação chinesa na conferência. Falou da importância de se estudar relações exteriores e disse à platéia que na conferência conheceu representantes de países dos quais nunca ouvira falar, precisando recorrer a um atlas para localizá-los. Aquele discurso durou cinco ininterruptas horas, até que chegássemos ao costumeiro encerramento com a glorificação das conquistas do regime comunista. Mas era Chen Yi quem provavelmente detinha o recorde em discursos. Quando começava, não costumava parar antes de decorridas sete horas. Ouvindo sua verbosidade, ficava sempre imaginando o que se passava na cabeça de seus ouvintes. Mas estes eram em sua maioria jovens comunistas nos quais eu não observava qualquer sinal de tédio ou cansaço. A paciência da maioria deles parecia mostrar que suas mentes já haviam sido reformadas e redesenhadas para os padrões do comunismo.

Tive a mesma forte impressão de uma mente coletiva uniformizada quando visitei as diferentes regiões da China. Viajei por três meses através do país e visitei mosteiros, fábricas, organizações de trabalhadores, cooperativas agropecuárias, escolas e universidades. Devo dizer que o país inteiro tinha um ar de eficiência. Encontrei-me com muitos representantes do poder público e de alguns deles guardo ainda boas lembranças. Os melhores mostravam-se qualificados, amáveis e bem instruídos em diplomacia. Os departamentos do governo eram bem organizados e funcionavam com presteza. Devo dizer também que os operários sem instrução davam a impressão de estarem satisfeitos e suas condições gerais de vida, naquela época, pareciam adequadas. Era somente entre pessoas alfabetizadas que se podia notar uma espécie de insatisfação oculta. Mas ninguém poderia negar o enorme progresso industrial conseguido pela China sob o comunismo.

Mas até mesmo as vantagens da eficiência e do progresso devem ser confrontadas com seus custos e me pareceu que na China esse custo era tremendo. O progresso custara ao povo toda a sua individualidade. Eles estavam se transformando numa mera massa homogênea de humanidade. Onde quer que fosse, eu os encontrava rigorosamente organizados, disciplinados e controlados, de modo que não só todos se vestiam igual – homens e mulheres em roupas de brim cáqui –, como falavam e se comportavam da mesma maneira e acredito até que todos pensavam igual. Dificilmente poderiam agir de outro modo, pois só tinham uma fonte de informações – os jornais e as rádios só noticiavam a versão oficial das notícias. Jornais e rádios estrangeiros estavam proibidos. Certa vez, quando eu atravessava um vilarejo próximo a Pequim com um funcionário chinês, tive a grata surpresa de ouvir música européia, que parecia ser a música transmitida pela BBC antes de seus boletins informativos. A expressão de espanto do meu acompanhante foi reveladora. As pessoas até pareciam ter perdido o hábito de rir espontaneamente. Era como se rissem apenas quando rir fosse conveniente e cantassem quando lhes fosse dito que cantassem. Certamente alguns comunistas jovens eram inteligentes e bem-educados, a seu modo, mas nunca expressavam opiniões originais. Era sempre a mesma história da grandeza da China e suas conquistas gloriosas. Até mesmo em Sining, próximo à fronteira do Tibet onde nasci, um dos líderes do partido local fez-me um longo discurso, exatamente a mesma coisa que tantas vezes eu ouvira em Pequim. Mas houve uma observação original: "Com exceção da Rússia", ele afirmou, "a China é o maior país do mundo. É o único país tão grande que são necessários um dia e uma noite inteiros para cruzá-lo de trem."

Esta foi a impressão geral que tive depois de passar quase um ano na China: eficiência e progresso material, e uma neblina cinzenta de insossa uniformidade, através da qual o charme e a cortesia tradicionais da velha China ocasionalmente irrompiam num lampejo surpreendente e bem-vindo. Essa total uniformidade, claro, é a grande força do comunismo. Mas eu não poderia conceber que os chineses conseguissem jamais reduzir os tibetanos a um tal estado mental de servilismo. Religião, humor e individualidade são o alento vital dos tibetanos, e tibetano algum, senhor de si, trocaria essas qualidades pelo mero progresso material, mesmo se a troca não envolvesse também a sujeição a uma raça alienígena.

Enquanto me preparava para minha viagem de volta a Lhasa, tinha ainda esperanças de salvar meu povo das conseqüências mais desastrosas da dominação chinesa. Eu achava que minha visita à China havia produzido dois bons resultados. Decerto me mostrou exatamente com o que nos defrontávamos e, sobretudo, pareceu ter convencido os chineses a não levar adiante seu plano original, cuja existência Mao Tsé-tung havia admitido, de nos governar diretamente de Pequim por meio de um comitê militar e político. Em vez disso, aparentemente nos haviam deixado com alguma autoridade sobre nossos assuntos internos e tínhamos possivelmente uma promessa de autonomia.

Nessa ocasião eu já conhecia os detalhes do Comitê Preparatório para a Região Autônoma do Tibet que Mao Tsé-tung havia proposto como alternativa. O Comitê teria cinqüenta e um membros, dos quais apenas cinco não tibetanos. Eu seria o presidente, e os vice-presidentes, o Panchen Lama e um funcionário chinês. Ngabo seria o secretário-geral. O Comitê teria como tarefa tomar medidas preliminares para uma autonomia regional do Tibet, organizando subcomissões para assuntos econômicos e religiosos, correspondendo aparentemente aos nossos *Tse-khang* e *Yig-tsang*, assim como os departamentos usuais de governo.

É verdade que os membros do Comitê deveriam ser escolhidos de forma anômala. Somente quinze membros, inclusive eu, representariam o "governo local do Tibet" – ou seja, o nosso verdadeiro governo. Onze seriam escolhidos entre os principais mosteiros, seitas religiosas, órgãos públicos e pessoas com projeção social. E vinte – dez em cada um – representariam dois órgão distintos criados pelos chineses: o Comitê de Libertação de Chamdo, criado no distrito oriental, primeiro a ser invadido e jamais restituído ao nosso governo, e o Comitê do Panchen Lama, criado pelos chineses numa área ocidental do Tibet onde estavam tentando dar ao Panchen Lama a autoridade secular que seus antecessores jamais tiveram. Os cinco membros restantes seriam autoridades chinesas em Lhasa, e o preenchimento de todos esses cargos ficaria sujeito à aprovação do governo chinês.

Dar a essas regiões separadas recém-criadas o *status* de membro era uma violação do acordo chinês de não alterar o sistema político do Tibet ou o *status* do Dalai-Lama. E a escolha dos membros já continha em si a semente do malogro. Porém nas situações desesperadoras as pessoas estão sempre prontas a se agarrar à mais tênue esperança, e eu tinha esperanças – apesar da minha experiência tenebrosa com comitês políticos chineses – de que um comitê com quarenta e seis membros tibetanos e apenas cinco chineses poderia dar certo.

Tomei, então, meu caminho de volta para casa, ansioso por ver o que por lá se passava, confiante de que poderíamos fazer bom uso desse derradeiro grau de liberdade.

7

Repressão e Indignação

No caminho de volta para casa tive a oportunidade de visitar novamente Taktser, o povoado onde nasci. Foi um momento de felicidade numa viagem agourenta. Lembrar que nasci em uma família humilde e verdadeiramente tibetana me deixou orgulhoso e grato, e tive prazer em reviver minhas vagas lembranças dos lugares que deixei quando tinha quatro anos. Mas sempre que conversava com as pessoas era bruscamente trazido para o presente. Perguntava-lhes se estavam felizes e me respondiam que estavam "muito felizes e prósperas sob a liderança do Partido Comunista Chinês e do Presidente Mao Tsé-tung". Mas ao dizerem isso havia lágrimas em seus olhos, o que me fez perceber, horrorizado, que até para mim eles tinham medo de responder a essa pergunta sem usar a fórmula comunista chinesa.

Em um dos mosteiros próximos, porém, conversei longamente com os lamas e é claro que eles se sentiram confiantes para falar mais abertamente. Achei-os muito ansiosos. Os chineses já haviam começado a implantar a agricultura coletiva e os camponeses estavam indignados. Os lamas previam que os chineses empregariam ações cada vez mais drásticas para obrigar os camponeses a aceitar seus planos. Conversei também com vários líderes leigos da comunidade que me falaram de outras "reformas" comunistas, dizendo que a tensão estava aumentando e que os chineses vinham se tornando mais opressivos e desconfiados. Fiz questão de conversar com as autoridades chinesas também e disse-lhes que, embora as reformas fossem necessárias, não deveriam ser as mesmas da China nem deveriam ser impostas, mas introduzidas por etapas, levando-se em conta as circunstâncias locais e os anseios e hábitos do povo. Mas fiquei consternado ao perceber que esses chineses aqui, tão distantes de Pequim, eram rudes e totalmente insensíveis. Eles resolveram simplesmente ignorar os sentimentos do povo. Um certo general chinês chegou ao cúmulo de me dizer que iriam trazer mais tropas para aquele distrito a fim de impor suas reformas, fossem quais fossem as aspirações do povo. Era evidente que o futuro do nosso povo tibetano nesse território chinês era totalmente sombrio.

No entanto, esse povo permaneceu inteiramente tibetano em sua índole. Ao longo do percurso, parando aqui e ali por dois ou três dias, às vezes em hospedarias oficiais chinesas, outras em mosteiros, cerca de cem mil pessoas vieram de todas as partes do distrito para estar comigo e me prestar suas homenagens.

Enquanto eu estava em Pequim, uma delegação me procurou pedindo que, em minha viagem de volta, eu visitasse uma série de localidades no Tibet Oriental. Como fiquei preso pelo terremoto que danificou a estrada, não tive tempo de ir a todos os lugares que gostaria. Visitei todos os mosteiros em que pude chegar de carro, e aos outros enviei como representantes três dos mais altos lamas que estavam comigo: Trijang Rinpoché (meu tutor júnior), Chung Rinpoché e Karma-pa, a atual reencarnação do mesmo Karma-pa cuja quarta reencarnação fundou o mosteiro situado na montanha sobre o povoado em que nasci.

Ao longo de todas essas áreas fronteiriças, encontrei a mesma atmosfera pesada, agourenta. Entre os tibetanos, vi rancor e ódio crescentes aos chineses, e entre os chineses, a crescente impiedade e audácia que provêm do medo e da falta de discernimento. Aos chineses pedi moderação com toda a ênfase de que era capaz, e aos tibetanos eu me dirigi em diversos encontros, dizendo-lhes que precisavam permanecer unidos, tentar melhorar as coisas por todos os meios pacíficos e aceitar o que houvesse de bom nos métodos chineses. Esse conselho, a meu ver, era a única esperança de se evitar a violência. Mas agora que eu vira como a animosidade mútua havia crescido desde que lá estivera um ano antes, tive que admitir intimamente que essa era uma frágil esperança.

Finalmente cruzei o rio chamado Di-chu (o Rio Fantasma), que marcava a fronteira entre o Tibet e a China, e entrei na região de Chamdo, onde a invasão começara. Passei alguns dias no quartel-general chinês na cidade de Chamdo e mais alguns dias no mosteiro. Este era o distrito em que os chineses haviam estabelecido o Comitê de Libertação de Chamdo, com o qual esperavam que eu cooperasse no futuro. O Comitê contava com alguns membros tibetanos, mas logo percebi que os oficiais chineses detinham a autoridade e que o distrito era governado, na prática, pelo general que comandava o exército. Aqui a indignação também grassava, e as pessoas me contaram histórias de opressões e injustiças, de camponeses despejados de suas terras e de promessas em que os tibetanos acreditaram no início, mas que os chineses nunca cumpriram. Em Chamdo havia o risco adicional de um surto de violência: este era o distrito onde viviam os *khampas*, e o bem mais precioso de um *khampa*, como já disse, era seu rifle. A essa altura, os *khampas* ficaram sabendo que os chineses iriam exigir que todas as armas lhes fossem entregues e eu tinha certeza, sem que isso me fosse dito, que um khampa jamais renunciaria a seu rifle – antes, ele o usaria.

Aqui também as pessoas, dezenas de milhares delas, vieram me homenagear, e ao recebê-las falei da minha felicidade em ver seu espírito patriótico. Disse-lhes que no passado as autoridades do governo central tibetano haviam cometido erros por lá e que este era um dos motivos pelos quais eles haviam tido que sofrer o tormento da invasão. Neste momento, eu disse, é dever de todos os tibetanos manter nossa união, para que depois, quando o Comitê Preparatório começasse a funcionar, Chamdo voltasse a ser parte integrante do nosso país.

▪ ▪ ▪

Minha viagem pelas áreas de fronteira me trouxe à memória duas observações que eu fizera na China, uma muito triste e a outra reveladora de um fio de esperança.

A primeira foi sobre os mosteiros chineses. Nas mais remotas regiões da China, vi templos e mosteiros abandonados e quase vazios, mesmo os de grande importância histórica. Os poucos monges remanescentes eram idosos e viviam sob tamanha desconfiança que muito pouca gente ousava ir aos templos rezar ou fazer oferendas. Não consegui encontrar grandes saberes subsistindo entre os monges, embora me tenham dito que ainda havia lamas sábios na Mongólia Central. De fato, quando eu estava em Pequim, centenas de pessoas vieram da Mongólia Central pedir minha bênção. Mas os jovens eram desestimulados a seguir as ordens monásticas, e as organizações religiosas haviam sido tão efetivamente infiltradas pelos comunistas que mesmo elas estavam sendo usadas para difundir propaganda política. O governo chinês dizia que seu povo tinha liberdade religiosa, mas podia-se ver que nenhum futuro fora planejado para as instituições religiosas. Elas morriam à míngua, entregues à decadência.

Esse foi o destino que vi pairando sobre os monges e os mosteiros tibetanos que já se encontravam nas mãos dos chineses. Mas minha outra observação me deu alguma esperança de que isso ainda pudesse ser evitado. Eu tivera provas excelentes de que os tibetanos, jovens e idosos, tinham suas crenças e temperamentos por demais consolidados para serem presa fácil da doutrinação chinesa. Meninos tibetanos haviam sido levados para o que chamavam de "Escola das Nacionalidades," em Pequim, juntamente com meninos da Mongólia, Turquestão Oriental e Coréia. Lá os chineses empenhavam-se em apagar as tradições religiosas e culturais de suas mentes e em preenchê-las com as novas idéias da ditadura do Estado. Mas fiquei feliz em verificar que as mentes dos meninos tibetanos não haviam sido subjugadas. Eles ainda prezavam nossos próprios ideais e seu espírito nacional não poderia ser destruído. Afinal, os chineses desistiram de tentar convertê-los e, tempos depois, esses meninos voltaram para casa. Alguns deles perderam suas vidas em Lhasa, na revolta contra o domínio chinês, e uns poucos, ainda abaixo dos vinte anos, tornaram-se refugiados na Índia. Depois deste fracasso, os chineses abriram diversas outras escolas nas áreas de fronteira, mas lá também não tiveram o menor sucesso. As crianças tibetanas simplesmente não engoliam aquele credo materialista, permanecendo tibetanas e budistas em todos os seus pensamentos mais íntimos. Acredito que meninos da Mongólia e do Turquestão Oriental se aferravam com igual obstinação à sua fé. Sem dúvida foi esta a razão pela qual, anos depois, os chineses puseram-se a seqüestrar bebês tibetanos em suas primeiras semanas de vida e a levá-los para a China, na esperança de que se tornassem comunistas tibetanos. Mas, enquanto isso, eu me sentia extremamente estimulado pela profundidade da fé desses jovens tibetanos e percebia que, a despeito do que os chineses pudessem fazer conosco, jamais conseguiriam nos destruir completamente.

▪ ▪ ▪

A viagem da China para o Tibet pela nova estrada militar chinesa ainda era bastante arriscada. Havia chovido muito, os rios transbordaram e ocorriam freqüentes deslizamentos de terra e queda de pedras. Conservo a nítida imagem mental de certa noite escura, sob chuva abundante, quando nosso comboio deteve-se junto a uma ponte danificada, no lugar exato em que pedras enormes, desprendendo-se dos flancos da montanha, espatifavam-se sobre a estrada. Os atordoados chineses corriam em volta, gritando, enquanto nós, tibetanos, sentados em jipes de teto de lona, fazíamos nossas preces. Mais cedo, nesse mesmo dia, havíamos escapado por um triz de um desastre ainda pior. Havíamos chegado a uma ponte que ruíra numa das extremidades. Os chineses fizeram um reparo e acharam que poderíamos passar, mas nos aconselharam a diminuir a carga atravessando a pé, esperando pelo comboio do outro lado. Assim fizemos e ficamos assistindo nossos jipes e caminhões cruzarem a ponte. Alguns passaram em segurança, mas, quando as rodas de um determinado jipe galgaram a ponte, ouviram-se estalos fortes e ruídos de madeira rachando e a ponte desabou, caindo na torrente lá embaixo. Felizmente o motorista ouviu o barulho, retrocedeu rapidamente e conseguiu se salvar. No entanto, mais da metade do nosso comboio, com todas as nossas roupas secas e roupas de cama, ficou do outro lado do rio. Nós nos ajeitamos dentro dos veículos que haviam conseguido atravessar, e passamos uma noite fria e desconfortável num abrigo chinês.

Finalmente cheguei a Lhasa. Não sou capaz de exprimir o quanto fiquei agradecido por estar de volta ao Norbulingka. Próximo aos seus muros, o acampamento militar chinês ainda nos ameaçava, mas lá dentro tudo continuava calmo e belo e nossas práticas religiosas prosseguiam quase sem perturbações.

Verifiquei que meu gabinete ainda mantinha relações sofrivelmente amigáveis com os chineses e que a hostilidade da população de Lhasa parecia ter arrefecido, dando lugar a um sentimento de complacência. A cidade estava calma e tranqüila. A população não tinha conhecimento das mudanças drásticas que estavam sendo impostas nas áreas fronteiriças orientais. A extrema indignação que eu vira por lá ainda não se disseminara com força total pela região central do Tibet. Assim, aparentemente, ainda poderia haver tempo para que o Comitê Preparatório realizasse algum trabalho benéfico, evitando o pior.

O governo chinês estava enviando o marechal Chen Yi, o primeiro-ministro interino conhecido por seus discursos de sete horas, para presidir a inauguração do Comitê. Os chineses queriam que eu fosse recebê-lo em sua chegada a Lhasa. Meu gabinete se recusou a aprovar a idéia, mas eu considerei que não era hora de insistir na observação de protocolos. Se isso agradasse ao marechal e ajudasse a dar um impulso inicial ao Comitê, achei que valeria a pena. Então eu fui.

■ ■ ■

A inauguração se deu em abril de 1956. Compareci com a sensação de que lá, entre aqueles cinqüenta e um membros, estava a última esperança de uma evolução pacífica para o nosso país. Não parecia uma esperança impossível. O projeto constitucional se afigurava correto e interessante. No papel, não possuía nenhum dos aspectos absolutamente inaceitáveis do comunismo. E com a grande proporção de membros tibetanos no Comitê, talvez este pudesse evoluir para uma forma mais eficiente de governo, não muito diferente da nossa. Poderia dar a oportunidade, pensei, de as autoridades tibetanas aprenderem com as chinesas sobre seus métodos de administração, que, comunismo à parte, era inegavelmente mais bem organizada que a nossa.

Não durou muito para que essas esperanças morressem. O que eu vira de pior nas reuniões políticas chinesas se repetiu. Eu não levara em conta um fato essencial. Vinte dos membros, embora tibetanos, representavam o Comitê de Libertação de Chamdo e o comitê instalado no distrito ocidental do Panchen Lama. Se bem que os representantes de Chamdo fossem mais razoáveis que os do Panchen Lama, todos deviam suas posições principalmente ao apoio dos chineses e em troca tinham que apoiar todas as suas propostas. Com esse bloco sólido de votos controlados, além dos votos dos cinco membros chineses, o Comitê não tinha poderes – uma mera fachada de representação tibetana por trás da qual o poder efetivo era exercido pelos chineses. Na verdade, toda a política essencial era decidida por outro órgão chamado Comitê do Partido Comunista Chinês no Tibet, que não tinha membros tibetanos. Deixavam-nos discutir as questões menos importantes, mas não podíamos realizar quaisquer mudanças substanciais. Embora eu fosse nominalmente o presidente, não havia muito o que eu pudesse fazer. Às vezes era quase risível a maneira pela qual os processos eram controlados e regulados, de modo que programas já aprovados no outro Comitê eram alvo de discussões vazias e sem sentido, para depois serem ratificados. Muitas vezes me senti desconcertado nessas reuniões. Percebi que os chineses só me haviam feito presidente para dar uma aparência de autoridade tibetana aos seus planos.

Assim que o Comitê iniciou a organização de seus departamentos de governo, o povo começou a entender o que estava se passando e sua reação foi previsível. Sua antiga hostilidade contra tudo o que fosse relacionado à China veio à tona. Em Lhasa realizou-se uma reunião pública para protestar contra essa nova organização e uma resolução foi redigida e enviada às autoridades chinesas. O documento dizia que o Tibet tivera seu próprio sistema de administração por muito tempo e, portanto, a nova organização era desnecessária e deveria ser abolida. Os chineses, claro, não deram nenhuma resposta, embora se tratasse de uma reivindicação popular. Eles reuniram o Gabinete e disseram que, já que este não fora capaz de banir reuniões públicas, iriam propor que eu o fizesse. Então o Gabinete, a contragosto, redigiu um novo edital, que, contrariado, assinei, sabendo muito bem que acabar com reuniões públicas não acabaria com a opinião pública. A inevitável indignação popular explodiu, então de outro modo.

Aconteceu durante o Festival Monlam, no início de 1956. A indignação das pessoas comuns contra os chineses havia criado algo totalmente novo no Tibet: líderes políticos escolhidos espontaneamente pelo povo. Esses homens não eram funcionários do governo. Não tinham qualquer *status* oficial, vinham de caminhos de vida os mais corriqueiros. E, quando os descrevo como líderes políticos, não quero dizer que fossem políticos como se entende este termo no Ocidente. Não faziam oposição aos chineses por estes serem comunistas, pois não tinham qualquer conexão com as teorias políticas que dividem o mundo. Eram simplesmente homens que compartilhavam a miséria e a raiva que nosso povo não sabia expressar, e que por acaso tinham a capacidade inata de colocar esses sentimentos em palavras e ações. Desse modo atingiam posições de influência.

Foram esses os homens que organizaram e lideraram a população de Lhasa. Era natural que a raiva que sentiam e exprimiam em nome do povo os levasse a querer revidar. E inevitavelmente isso às vezes os colocava em conflito com o Gabinete, que, como eu, percebia a futilidade da tentativa de retaliar o exército chinês. O Gabinete teve que refreá-los em sua política patriótica, porém suicida. Por outro lado, era normal que achassem que o Gabinete havia ido longe demais ao aplacar os invasores. Às vezes eu tinha que intervir e me opor aos seus instintos violentos no interesse do próprio povo que eles representavam. Isso talvez os tenha magoado, mas até o final doloroso eles permaneceram intensamente leais a mim. Não me vanglorio de achar que cativei essa lealdade graças às minhas qualidades pessoais. Foi o significado do Dalai-Lama que garantiu a sua lealdade, como a de todos os tibetanos no passado e no presente. Eu simbolizava aquilo por que lutavam.

De minha parte, eu os admirava mesmo quando tinha que me opor a eles. Fiquei contente que nosso infortúnio tivesse nos mostrado as qualidades de liderança que existiam entre os tibetanos. São qualidades de que sempre iremos precisar.

As atividades desses líderes durante o Festival Monlam fizeram um estranho contraste com as celebrações tradicionais. Pela primeira vez o Festival teve implicações políticas e isso ficou visível para todos. Enquanto as procissões circulavam e os monges se comprimiam nas ruas, panfletos eram colados por toda a cidade. Como sempre, exigiam que os chineses se fossem e deixassem o Tibet para os tibetanos. Como sempre também isso enfureceu os generais chineses, que, como sempre, convocaram o Gabinete e atribuiu-lhe a culpa. Mas dessa vez, entre suas ameaças coléricas, também nomearam três dos líderes populares. Faziam parte do grupo que havia produzido a resolução contra o Comitê Preparatório, e os chineses exigiam que o Gabinete desse ordens para sua prisão. Eles não haviam transgredido qualquer lei nossa, mas os chineses ameaçaram cuidar eles mesmos de seu interrogatório e encarceramento caso os tibetanos se recusassem a fazê-lo. Para livrá-los desse destino ainda pior, o Gabinete mandou então detê-los. Um deles morreu na prisão, mas os outros logo foram postos em liberdade quando os três grandes mosteiros de Lhasa afiançaram seu comportamento. Um desses homens está comigo agora na Índia.

Enquanto isso, notícias como as vindas de Chamdo, o distrito oriental que ainda se encontrava sob total domínio militar chinês, mostravam que as coisas estavam ficando cada vez piores. Durante o Festival Monlam, combates irromperam em

Litang, além da fronteira. Logo depois do início dos trabalhos do Comitê Preparatório, o general chinês no comando em Chamdo convocou uma reunião com cerca de trezentos e cinqüenta eminentes personalidades tibetanas. Ele lhes falou que eu havia dito que o Tibet não estava pronto para as reformas comunistas e que estas só deveriam ser introduzidas gradualmente, não sem antes serem aprovadas pela maioria dos tibetanos. Mas o Panchen Lama, disse ele, havia ordenado que as reformas fossem introduzidas imediatamente. A reunião deveria discutir essas duas alternativas e decidir qual delas seria observada em Chamdo.

A discussão se estendeu por vários dias. Ao final, cerca de cem pessoas votaram pela adoção das reformas apenas quando eu e o resto do Tibet as aceitássemos. Cerca de quarenta votaram pela adoção imediata. Os restantes, aproximadamente duzentas pessoas, votaram por não se adotar reformas em tempo algum, embora essa alternativa não tivesse sido oferecida. O general agradeceu a todos, anunciou que as reformas seriam introduzidas no seu devido tempo e presenteou cada um com um livro de fotografias, uma caneta, tinta, papel, alguns artigos de toalete – um seleção bastante curiosa – e os dispensou.

Um mês depois, as autoridades das províncias fronteiriças foram convocadas para nova reunião, desta vez num forte chamado Jomdha Dzong, um distrito de Chamdo. Foram cercadas por tropas chinesas e lhes informaram que as reformas "democráticas" começariam imediatamente. Eles objetaram, dizendo que haviam visto o sofrimento que as reformas democráticas causaram nas províncias do outro lado da fronteira e que não queriam nenhuma delas. Os chineses os mantiveram no forte sob constante pressão persuasiva por quase duas semanas, ao fim das quais todas as autoridades concordaram verbalmente. Disseram-lhes que seriam levados de volta aos seus distritos para explicarem as reformas ao povo, mas que antes eles precisavam participar de um curso.

Feito o acordo, os guardas chineses que cercavam o forte relaxaram a vigilância e, na noite anterior ao início do curso de doutrinação, todas as autoridades – mais de duzentos homens – escaparam do forte e buscaram refúgio nas montanhas.

Assim, com essa ação insensata, os chineses empurraram a maior parte dos líderes do distrito para uma vida de guerrilheiros, proscritos que sabiam que seriam presos se tentassem voltar para casa. Eles formaram um núcleo que cresceu e estava destinado a continuar crescendo. Sua defesa dependia das armas e munições que conseguiam capturar dos chineses, o que os deixava sem alternativa, a não ser lutar. Esses tibetanos orientais, particularmente os *khampas*, são gente forte e decidida. As montanhas eram perfeitas para a guerra de guerrilhas, e eles as conheciam bem. Já no primeiro semestre de 1956 havia histórias sobre seus ataques a estradas e depósitos chineses.

Esta me parecia ser uma situação desesperada, sem qualquer final imaginável. Naquelas montanhas inexpugnáveis, os guerrilheiros poderiam resistir durante anos. Os chineses jamais seriam capazes de tirá-los de lá. Por outro lado, eles nunca conseguiriam derrotar o exército chinês. E, enquanto aquilo perdurasse, seria o povo tibetano, principalmente as mulheres e as crianças, quem sofreria.

Eu estava muito desesperançado. A situação ficara ainda pior do que dois anos antes. Caíramos novamente no círculo vicioso de repressão ditatorial e indignação popular que eu pensava haver quebrado ao permitir que Lukhangwa renunciasse. Até então, todas as minhas tentativas de uma solução pacífica para os nossos problemas não haviam dado em nada, e, sendo o Comitê Preparatório uma mera contrafação de governo responsável, eu não via qualquer esperança maior de sucesso no futuro. E, pior que tudo, eu tinha a sensação de estar perdendo o controle de meu próprio povo. No leste, estavam sendo levados à barbárie. No Tibet Central, estavam cada vez mais determinados a lançar mão da violência, e eu senti que não seria capaz de detê-los por muito tempo, apesar de não aprovar o uso da violência e não acreditar que isso pudesse nos ajudar.

Minha posição como Dalai-Lama, pela qual o Tibet fora docemente governado por muitos séculos, estava se tornando quase insuportável. Nas minhas duas funções de líder religioso e secular, sentia-me obrigado a recusar qualquer violência por parte do povo. Eu sabia que os chineses se empenhavam em abalar minha autoridade política e que, à medida que eu me opunha aos instintos violentos do povo, estava ajudando os chineses a desfazer a confiança que a população depositava em mim. Mas mesmo que o povo perdesse a fé em mim como seu líder secular, era extremamente importante que não perdesse a fé no líder religioso. Eu poderia delegar minha liderança política ou a ela renunciar, mas o Dalai-Lama jamais poderia abdicar enquanto líder religioso, nem eu nunca imaginaria isso.

Então comecei a considerar que poderia ser de supremo interesse para o Tibet que eu me afastasse de todas as atividades políticas, a fim de manter intacta minha autoridade religiosa. No entanto, enquanto eu estivesse no Tibet, não conseguiria evitar a política. Para me afastar, eu teria que deixar o país, por mais que eu, amarga e desesperadamente, abominasse essa idéia.

Naquela altura do meu profundo mergulho no desalento, recebi um convite para visitar a Índia.

8

UMA PEREGRINAÇÃO À ÍNDIA

Meu amigo, o marajá Kumar, do Sikkim, viera a Lhasa especialmente para me fazer o convite e sua visita foi como um raio de simpatia e sanidade chegado do mundo exterior. Fui convidado pela Sociedade Mahabodhi da Índia, instituição fundada há setenta anos para difundir os ensinamentos do Senhor Buda e para cuidar dos peregrinos e dos santuários na Índia. Eles me convidaram a participar do Buda Jayanti, o aniversário de dois mil e quinhentos anos de nascimento do Senhor Buda.

Por todos os motivos, políticos e religiosos, eu queria muito ir. O Buda Jayanti já seria por si só um acontecimento de imensa significação para qualquer budista. Além disso, todo tibetano esperava poder fazer algum dia uma peregrinação à Índia. Para nós, ela sempre foi a Terra Santa. É a terra natal do fundador da cultura budista e a fonte da sabedoria que indianos santos e clarividentes levaram para nossas montanhas há centenas de anos. As religiões e as sociedades do Tibet e da Índia haviam se desenvolvido em linhas diferentes, mas ainda assim o Tibet era um fruto da civilização indiana.

E, do ponto de vista secular, uma visita à Índia parecia me oferecer exatamente a oportunidade que eu queria para me distanciar da convivência próxima e das discussões infrutíferas com os chineses, por pouco tempo que fosse. Mas não apenas isso – eu esperava que a viagem também me desse a chance de pedir conselhos ao Sr. Nehru e a outros líderes democráticos e seguidores do Mahatma Gandhi. Eu não conseguiria exagerar a dimensão do nosso sentimento de solidão política no Tibet. Além disso, eu tinha consciência de que ainda era inexperiente em política internacional, como todos os demais em nosso país. Sabíamos que outros países haviam enfrentado situações como a nossa e que no mundo democrático existia um grande cabedal de experiência e sabedoria políticas. Mas até então nada disso estivera disponível para nós e tivemos que agir guiados por uma espécie de instinto. Queríamos desesperadamente conselhos solidários e sábios.

Eu ainda tinha outro motivo para querer ir. Por muito tempo havíamos mantido contatos amigáveis com o governo inglês da Índia. Na verdade, este havia sido nosso único contato com o mundo ocidental. Mas, desde a transferência do poder na Índia para o governo indiano, nosso contato político com a Índia cessara, e eu estava certo de que deveríamos tentar restabelecê-lo e mantê-lo forte, como uma conexão vital com o mundo da tolerância e da liberdade.

Não era apenas eu que desejava viajar. O povo do Tibet ficou sabendo do convite e, através dos meus auxiliares, pressionou para que eu o aceitasse, por todos os motivos que já mencionei – salvo que não ocorreu a eles, como ocorreu a mim, que eu deveria me afastar dos problemas imediatos da política.

Mas o mero desejo de ir não bastava. Se os chineses não quisessem que eu fosse, poderiam facilmente me impedir. Portanto, eu teria que começar pedindo sua aprovação.

Consultei o general Fan Ming, que estivera em Lhasa desde

o começo e que estava atuando como representante sênior do governo chinês. Ele disse inicialmente que só poderia me dar sugestões, mas deixou claro que seria o tipo de sugestão que teria que ser aceita, e senti um enorme desânimo quando ele começou a falar. Por motivos de segurança, afirmou, uma visita à Índia seria indesejável. Ele achava também que, como o Comitê Preparatório tinha ainda muito trabalho a fazer, e como eu era seu presidente, deveria ficar em Lhasa. Então ele acrescentou como consolo que, afinal de contas, o convite partira de uma organização religiosa, não do governo da Índia, não havendo, portanto, necessidade de eu aceitar, podendo mandar um representante.

Fiquei muito desapontado, mas não consegui abrir mão das minhas esperanças totalmente, de modo que desconsiderei a nomeação de um representante e não comuniquei à Sociedade Mahabodhi que eu não poderia ir. Quatro meses depois, em meados de outubro de 1956, o general sugeriu novamente que eu indicasse um representante, pois o nome deveria ser enviado previamente à Índia. Providenciei então que uma delegação, chefiada por meu tutor júnior, fosse em meu lugar. Mas, no primeiro ou segundo dia de novembro, o general me procurou novamente e admitiu que em primeiro de outubro o governo chinês havia recebido um telegrama do governo indiano convidando a mim e ao Panchen Lama para a celebração. Ele acrescentou que o governo chinês havia considerado o assunto por todos os ângulos e concordara que eu fosse, se assim o desejasse. Ficamos felicíssimos, eu e a população de Lhasa. Circulou uma história de que o cônsul-geral da Índia em Lhasa havia contado a várias pessoas sobre o convite antes que o general Fan Ming me dissesse qualquer coisa. Obviamente, todos deduziram que os chineses vinham tentando manter o convite em segredo até que fosse tarde demais para que eu o aceitasse e que só foram forçados a tomar uma decisão devido a essa indiscrição.

Eu me preparei, então, para ir. Mas antes de deixar Lhasa tive que ouvir uma longa preleção, como se eu fosse um colegial, do general Chang Chin-wu, que recém-voltara a ser o representante permanente da China. Achei-a muito interessante, embora talvez não exatamente do jeito que ele pretendia. Ele disse que recentemente tinham ocorrido alguns distúrbios na Hungria e na Polônia, tramados por pequenos grupos sob a influência de imperialistas estrangeiros, mas a Rússia havia respondido imediatamente aos pedidos de ajuda dos povos húngaro e polonês, neutralizando os reacionários sem qualquer dificuldade. Reacionários estavam sempre buscando oportunidades de gerar desordem nos países socialistas, mas a solidariedade das potências socialistas era extraordinária, levando-as a socorrer sempre quaisquer desses países. Ele falou disso por tanto tempo que percebi ser uma indireta, significando que não permitiriam que qualquer outro país interferisse no Tibet.

Então ele passou a falar sobre a minha visita à Índia. Embora a celebração do Jayanti fosse puramente religiosa, disse ele, tinha alguma relação com a UNESCO. O governo chinês estava enviando uma delegação para lá, mas havia a possibilidade de que o Kuomintang também tentasse enviar sua delegação de Formosa. Se isso acontecesse, os chineses se retirariam do encontro e isso já havia sido comunicado ao governo indiano. Eu também deveria me recusar a participar caso qualquer indivíduo de Formosa estivesse presente. O embaixador chinês me daria as últimas informações assim que eu chegasse à Índia.

Em seguida, ele me advertiu que, se algum líder indiano me perguntasse sobre a fronteira indo-tibetana, eu deveria dizer apenas que aquilo era assunto do Ministério do Exterior em Pequim. Também poderiam me perguntar, disse ele, sobre a situação no Tibet. Se algum jornalista ou autoridade subalterna fizesse essa pergunta, eu deveria dizer que alguns distúrbios aconteceram, mas que agora tudo estava normalizado. Se fosse o Sr. Nehru ou alguma outra alta autoridade do governo indiano a perguntar, eu poderia falar um pouco mais – que haviam ocorrido revoltas em algumas regiões do Tibet.

A parte final dessa preleção foi a sugestão de que, caso eu tivesse que fazer discursos durante a celebração, seria melhor prepará-los previamente em Lhasa. De fato, eu esperava fazer um discurso no Buda Jayanti e, antes que eu deixasse Lhasa, Ngabo, como secretário-geral do Comitê Preparatório, escreveu um rascunho para mim, com a anuência dos chineses. Eu o reescrevi inteiro depois de chegar à Índia.

Nessa ocasião, uma estrada fora construída até Yatung, que ficava apenas a dois dias de caminhada da fronteira. Fazia parte de uma rede de estradas estratégicas que os chineses, febrilmente, construíam para que pudessem encher nosso país com suas bases militares, mas também encurtara a viagem de Lhasa para a Índia de algumas semanas para alguns dias. Levamos dois dias de carro até Yatung. No caminho, em Shigatse, onde os chineses colocaram uma balsa para veículos no rio Brahmaputra, o Panchen Lama juntou-se a nós. No quarto dia deixamos os carros e passamos para os pôneis, então o único meio para se atravessar os desfiladeiros do Himalaia.

Um general chinês chamado Thin Ming-yi acompanhou-nos até Chumbithang, o último povoado no Tibet, e ao nos deixar fez mais uma pequena preleção. Havia muitos reacionários na Índia, disse ele, pesarosamente, e eu deveria tomar muito cuidado se tivesse que falar com eles. Lembrou-me que como vice-presidente da Assembléia Nacional chinesa eu estava representando a China, além do Tibet. Portanto, deveria dizer a todos do enorme progresso que a China obtivera ao explorar os recursos naturais e elevar o padrão de vida do povo. Eu não deveria deixar qualquer dúvida, entre as pessoas que encontrasse, de que havia total liberdade religiosa, e todas as demais formas de liberdade, na China e no Tibet. E se alguém não acreditasse, eu poderia dizer-lhe que se quisesse a qualquer momento visitar a China seria bem-vindo.

Foi esse o último capítulo dos conselhos a que fui submetido antes de atravessar a fronteira.

A descida do Tibet para a Índia é uma viagem emocionante. Ao longo de oitenta quilômetros pelo desolado platô tibetano, o pico branco do Chomolhari é o guia. Em Phari passa-se bem próximo à base da montanha e pode-se ver todo o seu solitário esplendor. Então, o caminho bruscamente aponta para baixo, cada vez mais para baixo nas florestas de pinheiros e rododentros do vale Chumbi, onde crescem em profusão esporinhas, acônitos e papoulas amarelas. Tem-se a sensação de estar descendo para um mundo totalmente diferente, o das vastas e quentes planícies da Índia que se estendem ao longe, para baixo e para o horizonte, o das cidades apinhadas e dos oceanos que poucos tibetanos haviam visto. Mas ainda há um desfiladeiro a atravessar, o Nathu-la, e volta-se mais uma vez a subir por sobre a floresta até a fronteira no topo, de volta à familiar paisagem árida do Tibet, antes de, finalmente, descer para os vales do Sikkim.

O caminho através do vale Chumbi sempre foi a principal via de acesso entre o Tibet e a Índia. Foi o caminho que a expedição inglesa percorreu em 1903 e por onde passavam os comerciantes após o tratado de 1904, até Gyantse – a única estrada à qual os estrangeiros tinham direito no Tibet. No vale fica a cidade de Yatung, para onde me mudei em 1950, no início da invasão chinesa. Mas desde então ela sofrera várias transformações. Naquela ocasião eu havia descido até o vale a cavalo e, nesta, desci por uma estrada chinesa em um carro chinês. Com toda a certeza era dez vezes mais rápido e conveniente, mas, como todo tibetano, eu preferia o modo como sempre fizéramos. Aliás, no alto daquela estrada, próximo a Phari, nós nos deparamos com um exemplo de como os chineses podem às vezes parecer ridículos. Suponho que eles tenham lido sobre a atmosfera rarefeita no alto das montanhas, pois naquela estrada, onde se viajou a pé e a cavalo durante séculos, viam-se os chineses dirigindo confortavelmente seus carros usando máscaras de oxigênio.

Além de Yatung a paisagem era nova para mim. Depois de sair do carro, momentaneamente livre dos meus supervisores chineses, fui a cavalo em direção à fronteira no Nathu-la, tomado por alegres sentimentos de expectativa e animação que não experimentava desde a meninice. Ao começarmos a longa subida, o tempo estava ensolarado e limpo, mas logo entramos nas nuvens e percorremos os poucos quilômetros finais em meio à umidade e ao frio. Isso só trouxe um prazer adicional ao calor afetuoso com que fomos acolhidos no topo. A primeira coisa que vi na fronteira foi uma guarda de honra, e logo estava sendo recebido pelo marajá Kumar e pelo representante do governo indiano no Sikkim, que me transmitiu as saudações do presidente, do vice-presidente, do primeiro-ministro e do governo da Índia. Ele me presenteou com uma *écharpe,* a saudação simbólica dos tibetanos, e uma guirlanda de flores, o símbolo tradicional correspondente na Índia. Descemos o desfiladeiro juntos, no automóvel, e passamos uma noite muito agradável em Tsongo, do lado sikkimês.

No dia seguinte partimos para Gangtok, a capital do Sikkim. À medida que atravessávamos o Sikkim e o norte da Índia, trocando, em cada parada, nossos meios de transporte arcaicos para modernos, as alegres manifestações espontâneas de boas-vindas aumentavam e eu quase me sentia em casa, como se não estivesse em país estrangeiro. Depois de percorrermos dezesseis quilômetros, deixamos os pôneis e passamos para jipes, e neste ponto o embaixador chinês juntou-se ao grupo. Então, um pouco antes da entrada da cidade, vieram ao nosso encontro o marajá do Sikkim e seus ministros, e eu deixei o jipe e segui em seu carro. Houve um incidente cômico com aquele carro. Ele trazia a bandeira do Sikkim de um lado e a do Tibet do outro. Fizemos uma breve parada no caminho para a cidade. Uma grande multidão jogava *écharpes* e flores como saudação, e tive a surpresa de ver um solitário cavalheiro chinês, que se revelou ser o intérprete do embaixador, retirando furtivamente a bandeira tibetana e colocando em seu lugar uma bandeira chinesa. Meus amigos indianos também o viram e foi ótimo perceber que, como eu, eles repararam no ângulo cômico do episódio.

Terminamos a viagem em um avião exclusivo e ao nos aproximarmos de Nova Delhi tive uma maravilhosa visão da capital construída pelos ingleses e deixada como legado à Índia nova e libertada. No aeroporto, o vice-presidente, Dr. Radhakrishnan, e o primeiro-ministro, Sr. Nehru, estavam à espera para me receber. O embaixador chinês, que vinha no avião comigo, insistiu em me apresentar primeiro a eles e em seguida aos membros do corpo diplomático. Ele me conduziu ao longo da fila, apresentando as autoridades de vários países. Ao chegarmos ao representante da Grã-Bretanha, pensei o que iria acontecer quando estivéssemos diante do representante dos Estados Unidos. Era um exercício delicado de habilidade diplomática. No momento crucial, o embaixador chinês desapareceu de súbito, como num passe de mágica, e fui deixado face a face com o americano. Alguém do Ministério do Exterior indiano se adiantou, com sensibilidade, e nos apresentou.

Segui para a cidade no carro do Dr. Radhakrishnan, que me disse o quanto estava feliz em me conhecer e falou com satisfação das antigas relações entre os nossos países. Multidões haviam se aglomerado ao longo da estrada para me saudar, sob bandeiras e ornamentações para o Buda Jayanti. Fomos para o Rashtrapati Bhavan, a residência oficial do presidente, Dr. Rajendra Prasad, que me recebeu com seu sorriso gentil e sua voz suave na porta do salão Durbar. Fiquei muitíssimo bem impressionado com esses dois líderes. Senti que eram homens devotos e cultos que simbolizavam o espírito eterno do povo indiano.

Minha primeira visita, na primeira manhã que passei em Nova Delhi, foi ao Rajghat, local da cremação do Mahatma Gandhi. Fiquei profundamente emocionado enquanto rezava sobre o gramado verde que descia até o rio Jamuna. Senti que estava na presença de uma alma nobre – a alma do homem que em sua vida foi talvez o maior da nossa era, do homem que lutou até à própria morte para preservar o espírito da Índia e da humanidade – um verdadeiro discípulo do Senhor Buda e um verdadeiro crente na paz e na harmonia entre todas as pessoas. Enquanto permaneci lá, perguntei-me que conselho sábio Mahatma teria me dado se estivesse vivo. Estava convicto de que ele teria empenhado toda a sua força de vontade e caráter numa campanha pacífica pela liberdade do povo do Tibet.

Desejei intensamente ter tido o privilégio de encontrá-lo neste mundo. Mas, enquanto estive ali, senti que havia ficado em contato próximo com ele e que seu conselho seria sempre de que eu seguisse o caminho da paz. Eu tinha e tenho ainda uma fé inabalável na doutrina da não-violência que ele pregava e praticava. Tomei a decisão, ainda com mais firmeza, de seguir seu exemplo, quaisquer que fossem as dificuldades que viesse a encontrar. Fiz o propósito, com toda a energia, de jamais me associar a atos de violência.

Depois daquela peregrinação, fiquei ocupado por dois ou três dias com as celebrações do Buda Jayanti. Tive a oportunidade que tanto queria de conversar com homens sábios de diversas partes do mundo que trabalhavam, livres de qualquer opressão imediata, para difundir os ensinamentos do Senhor Buda em benefício da paz no mundo. A paz entre as nações era o principal pensamento em minha mente. Por isso, quando fiz um discurso no simpósio, enfatizei a natureza pacífica da fé budista. Disse que esperava que essas celebrações ajudassem a disseminar o conhecimento do caminho da iluminação, não apenas na Ásia mas também entre os ocidentais, pois os ensinamentos do Senhor Buda poderiam não apenas levar as pessoas a viverem satisfeitas e em paz, como também promover o fim das hostilidades entre as nações. A salvação da humanidade poderia ser encontrada nos princípios do budismo. Hoje, eu ainda acrescentaria a essa declaração que a salvação da humanidade se encontra no instinto religioso latente em todos os homens, qualquer que seja o seu credo. A repressão violenta desse instinto é o inimigo da paz.

Foi depois dessas celebrações que tive minha primeira conversa de fato com o Sr. Nehru, e minhas opiniões haviam evoluído então para outro estágio. As razões que me levaram a querer vir para a Índia começavam a sofrer uma transformação que eu aceitava com alguma relutância. Eu julgava agora que não deveria retornar ao Tibet. Considerava que deveria ficar na Índia até que houvesse algum sinal positivo de mudança na política chinesa. Talvez minha sensação da proximidade do Mahatma Gandhi e meus encontros com tantos homens sábios e solidários tenham me ajudado a chegar a essa triste decisão. Era, praticamente, a primeira vez que eu encontrava pessoas que não eram tibetanas, mas que sentiam verdadeira simpatia pelo Tibet. Em meu país, pensei, eu não podia mais ajudar meu povo, nem era capaz de controlar sua vontade de recorrer à violência. Todos os meus esforços pacíficos haviam fracassado. Na Índia, porém, eu poderia ao menos dizer às pessoas de todo o mundo o que estava ocorrendo no Tibet, tentando mobilizar seu apoio moral em nosso favor e talvez assim gerar alguma mudança na cruel política da China.

Eu tinha que explicar isso ao Sr. Nehru. Nós nos encontramos, acompanhados por seu intérprete tibetano. Eu lhe agradeci antes de mais nada pela oportunidade de visitar a

Índia e estar presente ao Buda Jayanti. Então falei-lhe sobre a situação desesperadora no Tibet Oriental e de como todos temíamos que distúrbios piores se propagassem pelo resto do país. Eu disse que era forçado a acreditar que os chineses tinham a real intenção de destruir nossa religião e nossos costumes para sempre e assim cortar nossos vínculos históricos com a Índia. E todos os tibetanos, eu afirmei, depositavam agora suas últimas esperanças no governo e no povo da Índia. Expliquei então por que queria permanecer na Índia, até que fôssemos capazes de reconquistar nossa liberdade por meios pacíficos.

Ele foi muito gentil e ouviu pacientemente, mas estava absolutamente convencido de que não havia nada que pudesse ser feito pelo Tibet naquele momento. Ele disse que ninguém jamais reconhecera formalmente a independência do nosso país e concordou comigo que era inútil tentar lutar contra os chineses. Se tentássemos, eles poderiam facilmente trazer mais tropas e nos aniquilar completamente. E aconselhou-me a voltar para o Tibet e a trabalhar pacificamente para tentar efetivar o Acordo de Dezessete Cláusulas.

Eu disse que fizera o possível para que o Acordo fosse cumprido, mas, apesar de todas as tentativas, os chineses se recusavam a honrar sua parte no acordo e eu não via qualquer sinal de uma mudança de disposição por parte deles. Diante disso, o Sr. Nehru prometeu falar com Chou En-lai, que chegaria à Índia no dia seguinte, e nossa conversa terminou.

Eu também conversei com Chou En-lai. Fui ao aeroporto recebê-lo e na mesma noite tivemos uma longa conversa. Eu relatei que nas nossas províncias orientais a situação estava cada vez pior. Os chineses impunham mudanças sem levar em conta as condições locais ou os anseios e interesses do povo. Chou En-lai pareceu compreensivo e disse que as autoridades chinesas locais deviam estar cometendo erros. Disse que iria transmitir tudo o que eu dissera a Mao Tsé-tung, mas que eu não podia considerar aquilo uma promessa definitiva de melhoria.

Poucos dias depois, Chou En-lai convidou meus irmãos mais velhos, Thubten Norbu e Gyelo Thondup, para um jantar na embaixada chinesa e a conversa que tiveram foi um pouco mais promissora e específica. Meus irmãos não ocupavam posições oficiais no nosso governo, por isso podiam falar mais francamente, sem medo de repercussões diretas no Tibet. Quando, depois, me contaram sobre a conversa, tive a impressão de que foram absolutamente sinceros em suas críticas. Disseram a Chou En-lai que o Tibet, há séculos, respeitava a China como um vizinho importante e amigável. Agora, porém, os chineses que se encontravam no Tibet estavam tratando os tibetanos como inimigos mortais. Usavam deliberadamente os piores tipos de tibetanos, os desajustados da sociedade tibetana, para disseminar a discórdia, ignorando os muitos tibetanos patriotas que seriam capazes de melhorar as relações entre tibetanos e chineses. Apoiavam o Panchen Lama em assuntos seculares, a fim de reacender a velha discórdia entre nossos antecessores, abalando assim a autoridade do governo tibetano. E por estarem mantendo uma enorme e desnecessária quantidade de militares no Tibet, especialmente em Lhasa, nossa economia estava arruinada e os preços haviam subido tanto que os tibetanos passavam fome. Não eram as classes dominantes do Tibet e sim as massas populares que estavam mais indignadas com a ocupação chinesa. Eram elas que exigiam que as tropas se retirassem e que um novo acordo fosse assinado. Mas os chineses acantonados em Lhasa não davam ouvidos à opinião popular.

Chou En-lai aparentemente não apreciou a franqueza dessa declaração, mas permaneceu polido e suave como sempre. Ele garantiu aos meus irmãos que o governo chinês não tinha em mente usar tibetanos indesejáveis, ou o Panchen Lama, para abalar minha autoridade ou causar discórdias. Eles não queriam interferir nos assuntos tibetanos ou tornar-se um fardo econômico. Ele concordou que talvez algumas dificuldades tivessem sido causadas pela falta de entendimento entre as autoridades chinesas locais e prometeu, além de melhorar o suprimento de alimentos em Lhasa, começar uma retirada gradual das tropas chinesas assim que o Tibet fosse capaz de administrar seus próprios assuntos. Disse-lhes também que iria relatar suas queixas a Mao Tsé-tung e providenciaria para que suas causas fossem eliminadas. Essas promessas não eram meras palavras, ele assegurou, acrescentando que meus irmãos poderiam, se quisessem, ficar na Índia para ver se suas promessas seriam cumpridas. Caso isso não ocorresse, eles poderiam criticar livremente o governo chinês.

Mas no final da conversa ele lhes disse que também tinha um pedido a fazer. Ele ouvira dizer que eu estava pensando em ficar na Índia e queria que eles me persuadissem a voltar para o Tibet. Se eu não voltasse, disse ele, isto só iria prejudicar a mim e ao meu povo.

Após esses encontros com Chou En-lai, saí em visita a algumas regiões da Índia. Levaram-me para conhecer diversos novos projetos industriais, como a gigantesca usina hidrelétrica em Nangal. Pude ver, pela primeira vez, a notável diferença entre as maneiras de se organizar tais coisas sob o comunismo e sob uma democracia livre – a diferença total de atmosfera e espírito entre o trabalho imposto e o trabalho voluntário. Mas meu objetivo principal, decerto, era seguir com minha peregrinação aos centros religiosos históricos. Então fui a Sanchi, Ajanta, Benares e Budh Gaya. Fiquei maravilhado com as obras-primas da arte religiosa indiana, com o que elas evidenciavam tanto do gênio criativo quanto da fervorosa fé. Pus-me a refletir em como o sectarismo e o ódio entre comunidades haviam prejudicado essa herança no passado e como o ódio havia se transformado em tranqüilidade e paz com a garantia de liberdade religiosa dada pela Constituição indiana.

Em Benares e Budh Gaya encontrei milhares de peregrinos tibetanos que esperavam para me ver, e nos dois lugares falei sobre as doutrinas do Senhor Buda e exortei-os a sempre seguir o caminho da paz, que ele tão claramente demarcara para nós.

Minha visita a Budh Gaya foi uma fonte de grande inspiração para mim. Todo budista devoto irá sempre associar Budh Gaya ao que há de mais nobre e elevado em sua herança religiosa e cultural. Desde minha mais remota infância, eu pensava nessa visita e sonhava com ela. Agora me encontrava na presença do Santo Espírito que neste local sagrado havia atingido o Mahaparinirvana, o mais elevado Nirvana, e encontrado o caminho da salvação para toda a humanidade. Enquanto estive lá, um sentimento de fervor religioso encheu meu coração e me deixou aturdido com o conhecimento e o impacto do poder divino que está em todos nós.

Mas durante minha peregrinação, quando tinha chegado em Sarnath, um mensageiro da embaixada chinesa em Nova

Delhi veio ao meu encontro, trazendo um telegrama do general Chang Chin-wu, o representante chinês em Lhasa. Dizia que a situação no país era séria, com espiões e colaboradores planejando uma grande revolta, e eu deveria voltar assim que possível. E em Budh Gaya mesmo, um dos chineses de minha comitiva passou-me a mensagem de que Chou En-lai estava voltando para Nova Delhi, ansioso por me ver. Tudo isso me obrigou a voltar para o mundo da política, da hostilidade e da desconfiança.

Em Nova Delhi, Chou En-lai repetiu-me que a situação no Tibet se agravava e que eu deveria voltar. Ele deixou bem claro que se ocorresse um levante popular a China estaria pronta para sufocá-lo usando a força. Lembro-me dele dizendo que os tibetanos que viviam na Índia eram propensos a causar distúrbios e que eu deveria decidir que rumo iria tomar. Eu respondi que ainda não estava pronto para declarar o que iria fazer e repeti tudo o que antes já lhe havia relatado sobre nossas queixas contra a ocupação chinesa. Disse-lhe ainda que estávamos dispostos a esquecer quaisquer injustiças cometidas contra nós no passado, mas que o tratamento desumano e a opressão precisavam cessar. Ele respondeu que Mao Tsé-tung havia deixado bem claro que as "reformas" somente seriam introduzidas no Tibet em conformidade com os desejos do povo. Falou como se ainda não conseguisse entender por que os tibetanos não recebiam bem os chineses.

Ele me informou que soubera que eu fora convidado a visitar Kalimpong, no norte da Índia, perto da fronteira com o Tibet, onde havia uma comunidade de tibetanos, alguns dos quais já postos no exílio pelo comando chinês. Ele advertiu que eu não deveria ir, pois as pessoas de lá poderiam provocar distúrbios. Eu lhe disse apenas que pensaria no assunto. Ele terminou nossa conversa alertando-me de que, se bem que alguns funcionários indianos fossem muito bons, outros eram estranhos e que eu devia tomar cuidado. Foi uma conversa inconclusa, e eu saí me sentindo frustrado e descontente.

Na manhã seguinte outro graduado membro do governo chinês, o marechal Ho Lung, veio repetir o conselho de Chou En-lai de que eu deveria voltar imediatamente para Lhasa. Lembro-me de que ele citou um provérbio chinês: "O leão das neves tem aspecto digno se permanece em seus domínios nas montanhas, mas se desce para os vales é tratado como um cachorro." Eu não estava mais disposto a discutir. Àquela altura eu já havia pensado sobre o conselho do Sr. Nehru e sobre as garantias que Chou En-lai dera a mim e a meus irmãos. Eu disse ao marechal que havia decidido voltar e que confiava que as promessas feitas a mim e a meus irmãos seriam honradas.

Antes de deixar Nova Delhi, tive um último encontro com o Sr. Nehru e acho que devo citar seu próprio relatório dos encontros que teve com Chou En-lai e comigo. Ele entregou esse relatório à Câmara Baixa do Parlamento indiano em 1959.

"Quando o Primeiro-Ministro Chou En-lai esteve aqui há dois ou três anos", registrou ele, "estava suficientemente bem para conversar comigo sobre o Tibet por um tempo considerável. Tivemos uma conversa franca e detalhada. Ele me disse que, embora o Tibet por longo tempo tivesse sido parte do Estado chinês, eles não consideravam o Tibet como uma província da China. O povo era diferente do povo propriamente chinês, como eram diferentes os povos de outras regiões autônomas do Estado chinês, que apesar disso faziam parte do

Estado. Portanto, consideravam o Tibet uma região autônoma, que iria usufruir de autonomia. Disse-me também que era um absurdo alguém imaginar que a China iria impor o comunismo ao Tibet. O comunismo não poderia ser imposto desse modo num país tão atrasado, e eles não tinham essa intenção, embora quisessem a realização progressiva de reformas. Mas propuseram que essas reformas deveriam ser adiadas por um bom tempo."

E ao comentar seus encontros comigo, o Sr. Nehru relatou: "Nessa ocasião o Dalai-Lama também esteve aqui e tive longas conversas com ele. Falei-lhe sobre o enfoque amigável do Primeiro-Ministro Chou En-lai e de sua garantia de que respeitaria a autonomia do Tibet. Sugeri-lhe que aceitasse essas garantias de boa-fé e cooperasse na manutenção dessa autonomia e na implantação de certas reformas no Tibet. O Dalai-Lama concordou que o Tibet, embora sendo um país avançado espiritualmente, era muito atrasado social e economicamente e necessitava de reformas."

Lembro-me de haver dito ao Sr. Nehru naquele encontro final que eu tinha resolvido voltar para o Tibet por dois motivos: porque ele me aconselhara a fazê-lo e porque Chou En-lai havia feito promessas explícitas a mim e aos meus irmãos.

A personalidade do Sr. Nehru me impressionara muito. Embora o manto do Mahatma Gandhi houvesse descido sobre ele, não percebi qualquer vislumbre de fervor espiritual. Mas eu o considerava um estadista pragmático e brilhante, com um domínio primoroso da política internacional, e ele me mostrou ter um profundo amor por seu país e fé em seu povo, por cujo bem-estar e progresso estava determinado a buscar a paz.

Lembro-me também de que naquela conversa falamos sobre minha vontade de ir a Kalimpong. O Sr. Nehru sabia que Chou En-lai havia me aconselhado a não ir e ele parecia concordar que as pessoas lá poderiam criar dificuldades e tentar convencer-me a não voltar para o Tibet. A Índia era um país livre, disse ele, e ninguém poderia impedir que o povo de Kalimpong expressasse suas próprias opiniões. Mas ele acrescentou que, se eu realmente quisesse ir, seu governo tomaria todas as providências e cuidaria de mim.

Decidi que deveria ir, apesar do conselho de Chou En-Lai. Não era uma questão totalmente política. Eu tinha o dever espiritual de visitar meus conterrâneos, questão sobre a qual Chou En-lai certamente não poderia me aconselhar.

Então eu fui e encontrei não apenas os tibetanos que lá estavam vivendo, como também uma delegação enviada por meu governo em Lhasa para acompanhar-me de volta para casa. Na verdade, todos sugeriram que eu permanecesse na Índia, pois a situação no Tibet se tornara muito violenta e perigosa. Mas eu já havia decidido que os chineses deveriam ter mais uma chance de cumprir as promessas de seu governo e que mais uma tentativa deveria ser feita para alcançarmos a liberdade por meios pacíficos.

Eu estava cansado de política. As conversas sobre política haviam tomado a maior parte do meu tempo em Nova Delhi, restringindo minha peregrinação. Eu estava começando a detestá-la e teria me afastado dela inteiramente se não tivesse um compromisso com meu povo no Tibet. Portanto, fiquei feliz ao ver que em Kalimpong e Gangtok teria tempo para meditar e para discorrer sobre religião para as pessoas que lá haviam se reunido para me ouvir.

Estava nevando forte nas montanhas. Tive que esperar quase um mês para que o caminho para o Tibet, através do Nathu-la, ficasse novamente transitável.

9

Revolta

Finalmente o tempo melhorou e o caminho se abriu. No topo do Nathu-la me despedi de meus derradeiros amigos da Índia e do Sikkim. Enquanto cruzava a pé o topo do desfiladeiro em direção ao Tibet, vi que entre as bandeirolas de preces que os tibetanos gostam de colocar nos lugares altos haviam sido hasteadas enormes bandeiras vermelhas da China e fixados retratos de Mao Tsé-tung. Sem dúvida isso pretendia ser uma recepção cordial, mas era de fato uma recepção melancólica em meu próprio país.

Um general chinês aguardava para me receber. Felizmente era o general Chin Rhawo-rhen, um dos oficiais chineses de quem eu realmente gostava. Era um dos chineses agradáveis, sinceros e diretos que eu conhecera. Estou certo de que muitos deles gostariam de nos ter ajudado, mas estavam todos sujeitos à rígida disciplina comunista, de modo que era muito pouco o que podiam fazer. Um deles, no entanto, ficou tão consternado que se juntou à nossa guerrilha em 1958 e lutou do nosso lado por nove meses, sendo agora um refugiado na Índia.

Eu havia decidido que, na minha volta para Lhasa, falaria livremente nas cidades por onde passássemos – Yatung, Gyantse e Shigatse. Depois das promessas feitas a mim e a meus irmãos em Nova Delhi, eu queria ver qual seria a reação dos chineses a um pouco de livre expressão no Tibet. Então, nos meus discursos nesses três lugares, e em Lhasa também, repeti enfaticamente o que sempre dissera ao meu povo e às autoridades tibetanas e chinesas desde que retornei da China em 1955: que os chineses não eram nossos governantes e nós não éramos seus súditos. Haviam nos prometido um governo autônomo e todos deveríamos nos esforçar para que isso se cumprisse. Tínhamos o dever de sempre corrigir as injustiças, fossem elas cometidas por chineses ou tibetanos. Os governantes da China haviam me garantido, eu disse, que os chineses estavam no Tibet apenas para ajudar os tibetanos. Portanto, qualquer chinês que não se dispusesse a nos ajudar estaria desobedecendo a seu próprio governo central.

Coloquei também em prática essa política, observando que todos os atos de nosso governo estivessem em estrita conformidade com o Acordo de Dezessete Cláusulas e pressionando por nossa autonomia de todas as formas ao meu alcance. A princípio não percebi qualquer reação por parte dos chineses, mas pouco a pouco comecei a entender que eles pensavam que eu agia sob influência estrangeira.

Logo me dei conta de que, durante o tempo em que permaneci na Índia, a raiva do povo contra os chineses crescera continuamente, tanto em Lhasa quanto nos distritos afastados. O principal motivo, penso eu, foi o deslocamento para o oeste dos *khampas* e de outros refugiados das províncias orientais. Havia milhares deles acampados ao redor de Lhasa para proteger o governo. Por intermédio deles, todos ficaram sabendo dos métodos atrozes que os chineses estavam utilizando no leste para tentar impor sua doutrina e temiam que esses mesmos métodos fossem utilizados no restante do Tibet.

Mas ao passo que o estado de espírito do povo inclinava-se mais e mais em direção à revolta, a atitude das autoridades chinesas variava de maneira extraordinária e desconcertante. Um pouco antes da minha chegada houve um período em que eles foram tão corteses com meus ministros como só os chineses sabem ser. Nessa época eles convocaram uma reunião e comunicaram ao Gabinete que o governo chinês entendia que o povo estava ficando ansioso quanto às propostas de reforma no Tibet. Eles não queriam de forma alguma desconsiderar os desejos da população. Portanto, as reformas seriam adiadas por seis anos. Não sei se isso terá sido resultado dos meus protestos a Chou En-lai em Nova Delhi. De qualquer modo, chegou tarde demais para exercer um efeito considerável sobre a hostilidade do povo.

Nessa mesma fase de cortesia calculada, por outro lado, os chineses anunciaram em uma reunião pública – sem terem avisado ao Gabinete – que uma revolta contra sua autoridade havia sido deflagrada no leste e que eles estavam totalmente preparados para fazer o que fosse preciso para sufocá-la. Isso foi um choque para os ministros. Eles tinham conhecimento, claro, que os *khampas* estavam lutando, mas não sabiam que a revolta era séria a ponto de fazer com que os chineses admitissem publicamente sua existência.

Então, de súbito, sem nenhum motivo aparente, o período cordial terminou e voltamos à velha atmosfera de ameaças, ordens e violência mal dissimulada.

Depois de minha visita à Índia, convidei o Sr. Nehru para vir a Lhasa. Fiz isso não apenas porque teria gostado de recebê-lo, mostrando minha gratidão pela hospitalidade com que fui recebido na Índia, mas também, é claro, porque queria que ele testemunhasse diretamente o que se passava no Tibet. Ele aceitou e a princípio os chineses não se opuseram. Mas eu deveria saber o que estava por acontecer. Deveria saber que eles não ousariam permitir que um estadista do mundo exterior visse o que estavam fazendo. Pouco antes da data prevista para a visita, os chineses alegaram não poder garantir a segurança do Sr. Nehru no Tibet – sugerindo que os tibetanos poderiam maltratá-lo, em vez de recebê-lo –, de modo que, infelizmente, meu convite teria que ser retirado. Dessa forma fiquei novamente privado de qualquer solidariedade ou conselho.

Lentamente, a partir de relatos dos refugiados, começamos a ter uma idéia mais clara das coisas terríveis que estavam acontecendo no leste e no nordeste, embora a história exata desses fatos até hoje não seja conhecida e possivelmente nunca o será. Lá, no distrito que havia ficado inteiramente sob o domínio dos chineses desde o início da invasão, o número de *khampas* que haviam se refugiado nas montanhas como guerrilheiros havia aumentado de centenas para dezenas de milhares. Já tinha havido algumas batalhas consideráveis entre os *khampas* e o exército chinês. Os chineses estavam usando artilharia e aviões bombardeiros não só contra os guerrilheiros, quando os encontravam, mas também contra povoados e mosteiros cuja população eles suspeitavam, justa ou injustamente, haver ajudado a guerrilha. Portanto, povoados e mosteiros estavam sendo totalmente destruídos. Lamas e líderes leigos do povo eram humilhados, encarcerados, mortos e até torturados. A terra era confiscada. Imagens sacras, escrituras e outras coisas de significado sagrado para nós estavam sendo quebradas, desrespeitadas ou simplesmente roubadas.

Divulgavam-se proclamações blasfemas em cartazes e jornais, e também nas escolas, dizendo que a religião era apenas um meio de explorar o povo e tratando o Senhor Buda de "reacionário". Alguns exemplares desses jornais publicados em território chinês chegaram a Lhasa e começaram a circular entre as autoridades tibetanas e chinesas. Os chineses, vendo a forte reação tibetana e percebendo que haviam ido longe demais, passaram a oferecer cinco dólares por cada exemplar para tentar tirá-los de circulação antes que toda a população de Lhasa tomasse conhecimento do que estava acontecendo.

Se a intenção dos chineses era convencer os tibetanos a se tornarem docilmente cidadãos de sua terra-mãe, evidentemente haviam desistido da tentativa, pelo menos nas províncias orientais. Os tibetanos jamais seriam levados à aquiescência pela intimidação ou pelo terror, e atacar nossa religião, nosso bem mais precioso, era uma política insana. O resultado dessas ações foi simplesmente o de disseminar e intensificar a revolta. Pouco tempo depois da minha volta a Lhasa, as pessoas começaram a pegar em armas por todo o leste, nordeste e sudeste do Tibet. Somente as regiões oeste e central do país ainda se encontravam em relativa paz.

Obviamente protestei com veemência contra tais táticas revoltantes ao general chinês em Lhasa. Quando protestei, por exemplo, contra o bombardeio de povoados e mosteiros, ele prometeu que iria mandar parar com aquilo de imediato, mas tudo continuou igual.

Em Lhasa o número de *khampas,* de gente de Amdo e de outros lugares do leste chegou a pelo menos dez mil pessoas. Algumas eram residentes permanentes, mas a maioria era de refugiados. Como foi a população do leste quem começou a revolta, essas pessoas em Lhasa começaram a temer tornarem-se alvo da vingança dos chineses e enviaram uma petição ao Gabinete pedindo proteção. Os comandantes chineses garantiram ao Gabinete que não tomariam medidas punitivas genéricas contra pessoas vindas do leste, e o Gabinete chamou os líderes *khampas* locais tentando aplacar seus temores. Mas só conseguiram acalmá-los por pouco tempo. Eles voltaram e pediram ao Gabinete uma garantia formal dos chineses, por escrito, de que os *khampas* e o povo de Amdo não seriam castigados. Mas os chineses a negaram, sob a estranha alegação de que, se essa garantia se tornasse pública, chegaria à Índia e a China perderia prestígio.

Não havia mais nada que o Gabinete pudesse fazer, exceto repetir a promessa verbal dos chineses por escrito e num documento de sua própria autoridade. Mas logo houve sinais de que essa promessa poderia ser tão vazia quanto tantas outras. Poucas semanas após, funcionários chineses deram início a um recenseamento nos acampamentos dos *khampas*, anotando todo tipo de detalhes da história pessoal de todos os que lá se encontravam. Isso era algo que jamais tinham feito e despertou novos temores entre os *khampas*. Eles viram nesse ato o prelúdio de prisões em massa e julgaram que não estavam mais seguros em Lhasa. Começou então um grande êxodo. Grupo após grupo, refugiados partiam à noite para as montanhas, alguns levando a própria família, procurando pelos grupos de guerrilheiros para a eles se juntarem, até que pouquíssimos restaram.

Obviamente isso deixou os chineses furiosos e seus protestos chegaram ao Gabinete. Eu também estava muito descontente com o rumo dos acontecimentos. Meu dilema ficara ainda mais crítico. Em parte eu admirava muito os guerrilheiros. Eram pessoas corajosas, homens e mulheres, que colocavam em risco suas vidas e as de seus filhos para tentar salvar nossa religião e nosso país, usando o último recurso que julgavam ainda possuir. Quando se ouvia falar das atrocidades dos chineses no leste, o desejo de vingança era uma reação humana natural. E, além disso, eu sabia que eles consideravam que lutavam por lealdade a mim como Dalai-Lama: o Dalai-Lama era a essência daquilo que tentavam defender.

No entanto, eu era forçado a voltar ao meu velho argumento. Freqüentemente eu recordava minha visita ao Rajghat e novamente me punha a imaginar que conselhos o Mahatma Gandhi me teria dado diante das novas circunstâncias. Teria ele insistido na não-violência? Só posso acreditar que sim. Por maior que fosse a violência contra nós, jamais seria correto usar a violência em resposta. E, considerando apenas o lado prático, eu via as atrocidades no leste como um exemplo medonho do que os chineses poderiam facilmente fazer no Tibet inteiro, caso os combatêssemos. Achei que deveria tentar mais uma vez convencer meu povo a não usar armas, a não provocar as mesmas retaliações, ou outras ainda piores, no resto do país. Pedi ao Gabinete que enviasse uma mensagem aos líderes *khampas*, dizendo que esses eram os meus desejos. O Gabinete designou uma missão composta por dois funcionários leigos e três monges para encontrar os líderes guerrilheiros e fazer-lhes o comunicado. Essa mesma missão levou a promessa dos chineses de que, se os guerrilheiros depusessem as armas, nada seria feito contra eles. Essa promessa pressupunha a severidade da represália, se houvesse recusa. Os chineses quiseram exigir, em troca de sua promessa, que os *khampas* de fato entregassem suas armas, mas o Gabinete convenceu-os a não fazerem tal exigência, pois sabiam que eles jamais aceitariam isso.

Nesse período tive várias conversas com os três generais seniores: Chang Chin-wu, Tan Kuo-hwa e Tan Kuan-sen. O que eles disseram não parecia ter qualquer relação com o que estava acontecendo. Em todas as ocasiões em que me encontrei com eles repetiram as garantias que Chou En-lai me dera na Índia: não seriam feitas mudanças drásticas no Tibet por, pelo menos, seis anos, e mesmo após esse prazo elas não seriam impostas contra a vontade do povo. Contudo, eles já as estavam impondo nos distritos orientais, contra a enfática vontade do povo. Talvez estivessem persuadidos de que esses distritos faziam parte da China propriamente, não do Tibet. Mas eu ainda me segurei no último fio de esperança: a promessa reiterada dos chineses. Provavelmente era esse o seu objetivo.

Então eles mudaram subitamente de política. Até agora tinham sido eles, o exército chinês, que haviam retaliado os guerrilheiros no leste e os ameaçado em outros lugares. Agora insistiam em que nosso governo tomasse providências contra eles. Deveríamos enviar nosso próprio exército tibetano para subjugar a revolta. Eles nos proporcionariam reforços e provisões. Mas o Gabinete rejeitou decididamente essa proposta, argumentando que o exército tibetano era pequeno demais, pouco treinado e mal equipado, além de ser necessário para manter a paz em Lhasa. Principalmente disseram que não tinham como garantir que o exército tibetano não fosse simplesmente juntar-se aos guerrilheiros. Eu não tenho dúvidas de que isso teria ocorrido. Era impensável enviar-se um exército tibetano para lutar contra tibetanos cujo único crime era defender o Tibet. Então, afinal, o Gabinete foi forçado a desafiar com firmeza uma importante ordem dos chineses.

Os chineses tinham um jeito extraordinário de misturar ordens triviais com ordens da mais alta importância. Em meio a esses graves episódios, eles insistiam que a palavra "reacionários" fosse sempre usada em referência aos *khampas* que haviam pegado em armas contra eles. A palavra tem um significado emocional específico para os comunistas, mas para nós, evidentemente, não significava nada. Todos, dentro e fora do governo, começaram a usá-la como sinônimo de guerrilheiros. Para os comunistas, a palavra "reacionário" faz sem dúvida supor o cúmulo da perversidade, mas de um modo geral nós a usávamos com admiração. Nem nós nem os *khampas* nos importávamos em ser chamados assim por nossos patrícios tibetanos. Mas, algum tempo depois, ao usar inocentemente a palavra num texto, deixei confusos amigos de outros países.

Os chineses mostravam a mesma falta de lógica e equilíbrio em assuntos muito mais sérios. Embora a revolta houvesse irrompido no distrito que eles próprios controlaram durante sete anos, agora eles culpavam furiosamente nosso governo por isso. Suas reclamações e acusações eram infindáveis, dia após dia: o Gabinete não estava empenhado em reprimir os "reacionários" e estava deixando os arsenais tibetanos desprotegidos para que os "reacionários" pudessem roubar armas e munições. Conseqüentemente, centenas de chineses estavam morrendo e eles seriam vingados com sangue. Como todos os invasores, eram totalmente cegos para a única causa da revolta contra eles: nosso povo não os queria em nosso país e estava pronto a dar sua vida para livrar-se deles.

Mas embora os chineses culpassem nosso governo, ainda se assombravam com o fantasma dos "imperialistas" inexistentes. Eles já deviam saber que não havia nem nunca houve "forças imperialistas" no Tibet, mas agora diziam que alguns tibetanos na Índia haviam se unido aos "imperialistas" e que eram eles que estavam provocando tumultos no país. Eles apontaram nove dentre eles, incluindo meu ex-Primeiro-Ministro Lukhangwa e meus irmãos Thubten Norbu e Gyelo Thondup, e exigiram que fossem destituídos de sua nacionalidade tibetana. Não me pareceu, ou ao Gabinete, que valesse a pena transgredir essa ordem. A acusação era absurda, mas essas nove pessoas poderiam muito bem achar que era uma honra serem destacadas dessa forma, e o castigo, conforme fiquei sabendo, nunca lhes causou o menor incômodo.

Mas em Lhasa havíamos atingido o limite de resistência. A cisão entre o Gabinete e os chineses já se consumara. Os chineses estavam armando seus civis e reforçando suas barricadas na cidade. Anunciaram que em todo o país só protegeriam seus compatriotas e seus meios de comunicação: tudo o mais era de responsabilidade nossa. Convocaram mais reuniões em escolas e outros locais para dizer às pessoas que o Gabinete havia feito uma aliança com os "reacionários" e que seus membros iriam receber a punição adequada – não seriam apenas fuzilados, explicavam eles às vezes, mas executados lentamente em público. O general Tan Kuan-sen, dirigindo-se a uma assembléia de mulheres em Lhasa, disse que onde havia carne podre as moscas se juntavam, mas, ao jogar-se fora a carne, as moscas iriam embora. As moscas, suponho, eram os guerrilheiros, e a carne podre, meu Gabinete ou eu mesmo.

Mas enquanto os chineses diziam que o Gabinete estava

aliado aos guerrilheiros *khampas*, não duvido que os *khampas* acreditassem que o Gabinete estava mais ou menos associado aos chineses. A missão que o Gabinete enviara aos líderes *khampas* jamais voltou. Seus cinco membros juntaram-se aos guerrilheiros e, na época, era muito difícil culpá-los. Os desejos que manifestei por intermédio da missão provocaram uma breve pausa na luta, mas chegaram tarde demais. A maioria dos guerrilheiros não voltaria para casa, pois não acreditava na garantia de que nenhuma ação seria empreendida contra eles. Na verdade, muitos deles já não tinham uma casa para onde voltar.

Tenho que admitir que eu estava chegando ao limite do desespero. E então, por acaso ou intencionalmente, os chineses provocaram nossa crise final.

10

CRISE EM LHASA

No dia primeiro de março de 1959, eu estava no Jokhang, o principal templo de Lhasa, para as celebrações do Festival Monlam. Foi durante esse festival que fiz os exames finais do Mestrado de Metafísica. É claro que durante todos os nossos reveses políticos minha educação religiosa continuara. Este era ainda o meu maior interesse. Eu teria preferido prosseguir em paz nos meus estudos religiosos, se isso fosse possível. O exame, um debate dialético diante de uma grande platéia de monges e lamas, que já descrevi, foi uma ocasião tremendamente importante para mim, e sem dúvida para todo o Tibet, e naquele momento eu estava inteiramente dedicado às questões religiosas.

No meio das cerimônias e preparativos para o meu exame final disseram-me que dois oficiais chineses queriam falar comigo. Eles foram recebidos – dois oficiais de patente inferior que diziam ter sido mandados pelo general Tan Kuan-sen. Queriam que eu marcasse uma data com o general para assistir a um espetáculo teatral que ele havia decidido encenar no acampamento do exército chinês. Eu já ouvira falar dessa idéia e me comprometera a ir, mas naquele momento não seria capaz de me concentrar em mais nada; portanto, disse aos oficiais que marcaria uma data logo que as cerimônias terminassem, dentro de dez dias. Eles não ficaram satisfeitos e insistiram para que eu marcasse imediatamente a data. Eu tornei a dizer que só poderia determiná-la após o final das cerimônias e eles finalmente concordaram em levar essa resposta ao general.

Essa visita foi estranha. Em geral, a menos que o general viesse pessoalmente, suas mensagens eram enviadas por algum dos meus auxiliares que estivesse particularmente envolvido no assunto. Convites para acontecimentos sociais eram normalmente remetidos através de Donyerchemo Phala, meu ecônomo sênior, ou de Chikyab Khempo, o abade oficial chefe e meu representante no Gabinete.

Por isso, aquele procedimento incomum de enviar oficiais de patente inferior à minha presença, e de enviá-los ao templo, imediatamente levantou suspeitas em toda a minha gente. Além da indignação que compreensivelmente causou entre meus assessores, todos acharam que o general estava mais uma vez tentando rebaixar o Dalai-Lama aos olhos de seu povo.

Foi uma experiência penosa o fato de eu não ter sequer a opção de declinar um convite social que não me conviesse, sob o risco de aborrecer os chineses e causar repercussões desagradáveis. Como sua contrariedade nesses casos iria sempre refletir-se em outra parte, achávamos mais prudente, no interesse do país, sofrer essas pequenas humilhações em silêncio do que arriscar um endurecimento da política geral chinesa que nos relegasse, a mim e ao meu governo, a uma posição de subordinação.

Nada mais se ouviu sobre esse estranho convite até que eu deixasse o templo e fosse para o Norbulingka no dia 5 de março. Minha procissão até o Norbulingka sempre fora um grande acontecimento, do qual, nos anos anteriores, os chineses chegaram a participar, mas nesse ano todos repararam que não havia chineses presentes.

Dois dias depois recebi outra mensagem do general. Seu intérprete, que se chamava Li, telefonou para o abade oficial chefe e pediu que fosse marcada uma data definitiva para meu comparecimento à encenação no acampamento chinês. O abade me consultou e por sugestão minha disse a Li que o dia 10 de março seria conveniente.

As providências para a minha visita só foram tomadas no dia 9 de março, véspera do evento. Então, às oito horas da manhã, dois oficiais chineses foram à casa do comandante da minha guarda pessoal, Kusung Depon, dizendo que haviam sido mandados para levá-lo até o quartel-general chinês para falar com o brigadeiro Fu, que tinha o título de consultor militar. Kusung Depon ainda não tinha tomado seu desjejum e lhes disse que iria às dez horas. Eles foram embora, mas voltaram uma hora depois dizendo-lhe que deveria ir imediatamente, pois o brigadeiro o esperava impaciente.

Ainda naquela manhã, Kusung Depon chegou ao Norbulingka angustiado. Meu abade oficial chefe e o ecônomo sênior o trouxeram à minha presença. Ele me relatou, palavra por palavra, o que havia ocorrido.

Contou que o brigadeiro parecia furioso quando ele chegou ao seu gabinete.

– O Dalai-Lama virá aqui amanhã – disse ele rispidamente – para assistir a um espetáculo teatral. Há algumas coisas que precisamos estabelecer. É por isso que mandei chamá-lo.

– A data já foi marcada? – perguntou-lhe Kusung Depon.

– Você não sabe? – cortou o brigadeiro. – O Dalai-Lama

aceitou o convite do general e virá no dia 10. Agora quero deixar bem claro com você uma coisa: não haverá aquelas cerimônias que vocês geralmente fazem. Nenhum de seus homens armados deverá acompanhá-lo, como sempre acontece quando ele vai ao Comitê Preparatório. Nenhum soldado tibetano terá permissão para ir além da Ponte de Pedra. Se vocês insistirem, poderão levar dois ou três guardas tibetanos, que decididamente não poderão estar armados.

Essas ordens inusitadas chocaram desagradavelmente o meu comandante. A Ponte de Pedra era o limite do enorme acampamento militar onde ficava o quartel-general chinês. A localização desse acampamento, a menos de três quilômetros do Norbulingka, sempre fora uma afronta ao tibetano patriota. Enquanto os chineses o mantiveram para si, o povo de Lhasa o tolerara. Mas a idéia de o Dalai-Lama lá entrar era insólita, qualquer que fosse o motivo, e Kusung Depon sabia que o povo não gostaria disso. Ir sem uma guarda seria mais insólito ainda. Era praxe que uma escolta de vinte e cinco guardas armados acompanhasse o Dalai-Lama onde quer que ele fosse e tropas armadas estavam sempre perfiladas ao longo do caminho. Kusung Depon sabia que se esse costume fosse inesperadamente revogado o povo deveria receber alguma explicação. Então ele pediu que o brigadeiro lhe explicasse o motivo de tal medida. Foi um pedido inocente, mas que deixou o brigadeiro ainda mais irritado.

– Você será o responsável se alguém puxar o gatilho? – ele bradou. – Nós não queremos confusão. Teremos nossa própria tropa desarmada para receber o Dalai-Lama. Vocês podem colocar seus homens ao longo dos caminhos até a Ponte de Pedra, se quiserem, mas nenhum deles poderá ultrapassá-la sob qualquer pretexto. E tudo isso deve ser mantido em absoluto segredo.

Houve muita discussão entre meus assessores quando Kusung Depon voltou trazendo essas ordens. Parecia não haver alternativa a não ser obedecê-las, e os planos para a minha visita foram feitos de acordo com o que tinha sido determinado.

Mas todos achavam que o convite dos chineses era suspeito, e sua vontade de manter a visita em segredo só aumentava a desconfiança. Era absolutamente impossível manter em segredo qualquer saída minha do Norbulingka, a menos que fosse imposto um toque de recolher a toda a população. Sempre que eu me preparava para sair, a notícia se espalhava e toda a população de Lhasa se punha à beira do caminho para me ver. Naquele momento havia muita gente de fora da cidade que certamente iria também acorrer. A maior parte dos monges que tinham estado no Festival Monlam já havia ido embora, mas alguns milhares ainda permaneciam e havia também milhares de refugiados. Numa estimativa aproximada, cem mil pessoas deveriam estar em Lhasa, e talvez essa tenha sido a maior população que a cidade já abrigou.

Então, para manter a ordem ao longo do caminho no dia seguinte, meus assessores decidiram guarnecê-lo com guardas tibetanos até a Ponte de Pedra, que dava acesso à área dos chineses, e traçaram planos para impedir que a multidão cruzasse a ponte. Na tarde do dia 9 de março eles providenciaram para que a polícia tibetana de serviço ao longo da via avisasse às pessoas que no dia seguinte haveria restrições de circulação e que ninguém estaria autorizado a atravessar a ponte.

Como normalmente não era proibido cruzar a ponte, eles

tomaram essa precaução de boa-fé, achando que poderia haver conseqüências trágicas se as pessoas a atravessassem inocentemente para me ver passar e os soldados chineses tentassem fazê-las voltar. Mas o resultado foi o inverso do pretendido. Espalhou-se imediatamente pela cidade o boato de que os chineses haviam planejado me seqüestrar. A inquietação e a agitação cresceram durante a tarde e a noite de 9 de março, e pela manhã do dia 10 a maior parte da população de Lhasa resolveu espontaneamente impedir a qualquer custo minha visita ao acampamento chinês.

Houve um outro fato que reforçou nas pessoas a certeza de que uma cilada fora armada para me seqüestrar. Havia uma reunião da Assembléia Nacional chinesa em Pequim marcada para o mês seguinte, e os chineses estavam me pressionando para que eu comparecesse. Sabendo do estado de espírito do povo, eu vinha tentando evitar aceitar o convite e não havia dado uma resposta definitiva ao governo chinês. Apesar disso, pouco mais de uma semana antes, eles anunciaram em Pequim que eu iria. Esse anúncio sem meu consentimento já havia deixado a população de Lhasa muito irritada e naturalmente sua conclusão foi que o estranho convite era simplesmente um estratagema para me levar, contra a minha vontade, para a China.

Havia uma suspeita ainda mais sombria entre as pessoas. Todos no Tibet sabiam que em quatro locais diferentes nas províncias orientais altos lamas haviam sido convidados para festas pelos comandantes do exército chinês e nunca mais apareceram: três foram mortos e um aprisionado. Parecia que esse método de atrair as pessoas para longe de quem poderia tentar protegê-las era um costume chinês.

As suspeitas das pessoas comuns de Lhasa contagiaram também as autoridades do meu governo em conseqüência de outro ato incomum das autoridades chinesas. Normalmente, quando os chineses me convidavam para qualquer evento social, convidavam também as altas autoridades tibetanas. Mas nessa ocasião, até a tarde de 9 de março, nenhuma autoridade, com exceção dos meus assessores pessoais, havia sido convidada. Tarde naquela noite, dois funcionários chineses vieram ao Norbulingka trazendo convites, mas somente para os seis membros do meu gabinete. Verbalmente fizeram o pedido incomum de que eles não levassem mais de um criado consigo. Habitualmente, meu ecônomo sênior me acompanhava onde quer que eu fosse, como bem sabiam os chineses, mas nem ele ou qualquer outro assessor foram incluídos no convite.

Apesar da suspeita, meus assessores não tentaram me convencer a não comparecer, mas decidiram me acompanhar, em vez de irem separadamente, como era costume, pois acharam que, se acontecesse alguma coisa desagradável, eles não se arrependeriam de me ter deixado sozinho.

O dia seguinte estava destinado a ser o mais importante já vivido por Lhasa. Ao meio-dia eu deveria tomar a atitude inédita de entrar no acampamento chinês sem escolta. Quando acordei naquela manhã, não tinha idéia do que o dia me reservava. Eu havia dormido mal, por causa dessas preocupações. Às cinco da manhã acordei e fui para a minha sala de orações, como de costume. Tudo estava perfeitamente em ordem, perfeitamente em paz. As lamparinas de manteiga ardiam diante dos altares e as pequenas tigelas de ouro e prata tinham sido enchidas de água com o doce aroma do açafrão, como ouro líquido, e o perfume do incenso impregnava o ar. Ofereci preces e meditei, depois desci para o jardim, onde gostava de caminhar de manhã cedo.

Inicialmente fiquei imerso nas preocupações, mas logo as esqueci diante da beleza da manhã de primavera. O céu estava limpo, os raios do sol acabavam de tocar o pico da montanha atrás do distante mosteiro de Drepung e começavam a brilhar sobre o palácio e as capelas do Parque Jóia. A natureza reluzia fresca e brilhante com a primavera: as hastes verdes da grama nova, os delicados botões dos álamos e salgueiros, as folhas de lótus aflorando à superfície do lago e se abrindo ao sol – tudo era verde. E como nasci no Ano do Porco Selvagem, e a selva é verde, os astrólogos diriam que o verde é minha cor da sorte. Na verdade, por isso minhas bandeiras de orações soltas ao vento no telhado de minha casa eram verdes e começavam a se agitar na brisa suave da manhã.

Este foi o derradeiro momento de paz de espírito que eu tive. Ele foi interrompido por gritos curtos e tensos vindos de fora dos muros do parque. Fiquei ouvindo, sem conseguir distinguir as palavras. Corri para dentro de casa, encontrei alguns de meus assessores e pedi que verificassem o que estava acontecendo. Eles logo voltaram, dizendo que o povo de Lhasa parecia ter deixado a cidade, cercado o Norbulingka e gritavam que estavam ali para me proteger e para impedir que os chineses me levassem para o acampamento.

Logo todos os palácios eram um remoinho de gente ansiosa. Mensageiros chegavam a toda hora trazendo-me notícias. A multidão era incontável – alguns disseram que havia trinta mil pessoas. Estavam num estado de excitação turbulenta e seus brados revelavam uma ira furiosa contra os chineses. A cada hora a confusão aumentava. Fui orar numa pequena capela construída pelo Sétimo Dalai-Lama e dedicada a Mahakala, o aspecto guerreiro de Chenresi, dotado do poder de proteção contra o mal. Oito monges já estavam lá há vários dias, oferecendo preces contínuas.

Dois membros do meu gabinete, Liushar e Shasur, chegaram ao palácio por volta das nove horas em jipes do exército chinês com motoristas chineses, o que era usual. As pessoas ficaram ainda mais agitadas ao verem os motoristas chineses, mas os ministros não tiveram grandes dificuldades em passar pela multidão e entrar no palácio.

Logo depois outro ministro, Samdup Phodrang, chegou em seu próprio carro acompanhado de um oficial chinês. Então, por um momento, a multidão perdeu o controle. Samdup Phodrang só recentemente havia sido indicado para o Gabinete e apenas algumas pessoas em Lhasa o conheciam de vista. Ele vestia um manto tibetano de seda amarela e é provável que teria passado pelos portões sem qualquer problema se estivesse sozinho, mas a multidão achou que o carro era chinês e concluiu que o oficial chinês tinha vindo para me levar. Alguém jogou uma pedra nele e a reação de pânico se espalhou, o carro sendo bombardeado por pedras. Uma delas atingiu Samdup Phodrang na têmpora, deixando-o inconsciente. Achando que tinham atingido por engano um dos meus assessores, alguns o pegaram e o levaram para o hospital do Consulado indiano.

Um pouco mais tarde, outro membro do Gabinete, Surkhang, aproximou-se do palácio em seu jipe, mas não pôde chegar até o portão, porque a multidão já havia bloqueado totalmente a estrada. Ele saltou do jipe a alguma distância, foi andando no meio da multidão e cruzou o portão com a ajuda de um funcionário tibetano que lá estava.

Esses três ministros perceberam que alguma coisa deveria ser feita de imediato para evitar uma crise maior – eles achavam que a multidão poderia tentar atacar o quartel-general chinês. Esperaram algum tempo por Ngabo, que também era membro do Gabinete, mas ele não chegava. Mais tarde soubemos que ele tinha ido para o acampamento chinês, aparentemente supondo que eu estivesse lá, e achou, com razão, que não seria seguro sair de novo.

Finalmente eles decidiram que não poderiam continuar esperando, e os três reuniram-se com Chikyab Khempo, o abade oficial chefe, que tinha também *status* de ministro. Em seguida vieram me ver. Disseram-me que o povo havia decidido que eu não deveria ir ao acampamento chinês por temer que eu fosse raptado e levado para a China. A multidão já havia eleito uma espécie de comissão de sessenta ou setenta líderes e feito o juramento de erguer uma barricada em volta do palácio, tornando impossível a minha saída, caso os chineses insistissem que eu fosse. O Gabinete me comunicou ainda que a multidão estava tão alarmada e decidida que realmente não seria seguro que eu fosse.

Quando os membros do Gabinete vieram me ver, pude ouvir o que a multidão gritava: "Os chineses devem partir. Deixem o Tibet para os tibetanos." Todos os *slogans* exigiam o fim da ocupação e da interferência chinesa no governo do Dalai-Lama. Ouvindo seus gritos, eu podia sentir a tensão daquelas pessoas. Quando nasci eu era uma delas, por isso podia entender o que estavam sentindo e sabia que nas suas atuais condições emocionais elas eram incontroláveis. Isso foi confirmado mais tarde naquela manhã, quando eu soube, com grande dor e pesar, que um funcionário monástico fora maltratado e depois apedrejado até a morte pela multidão enfurecida. Esse homem havia se tornado famoso em Lhasa devido à sua estreita ligação com as forças de ocupação chinesas. Naquela manhã, por alguma razão desconhecida, ele fora de bicicleta em direção ao Norbulingka vestindo uma roupa de aparência chinesa, óculos escuros e uma máscara contra poeira, com uma pistola presa ao cinto. Parte da multidão achou que ele era um chinês disfarçado, outros pensaram que ele estava trazendo uma mensagem do quartel-general chinês. Sua raiva e indignação contra tudo relacionado à China explodiu de repente em fúria e o assassinato foi a trágica conseqüência.

Essa explosão de violência provocou em mim uma grande aflição. Pedi ao meu gabinete que dissesse ao general chinês que eu não poderia ir ao espetáculo e que também seria imprudente alguém de seu quartel-general vir até o Norbulingka, pois isso poderia enfurecer ainda mais a multidão. Meu ecônomo sênior telefonou ao intérprete do general e passou-lhe essa mensagem, junto com meu pedido de desculpas. O intérprete concordou com o acerto da minha decisão e disse que transmitiria a mensagem ao general.

Ao mesmo tempo, pedi ao Gabinete que dissesse ao povo que cercava o palácio que eu atenderia a sua vontade e não iria ao acampamento chinês. O Ministro Surkhang entrou em contato com os líderes escolhidos pelo povo e disse-lhes que eu cancelara a visita e por volta do meio-dia a mesma informação foi passada por alto-falante à multidão. A notícia foi recebida com exclamações de júbilo do lado de fora dos portões.

O estresse mental daquela manhã foi algo que eu jamais havia experimentado no meu breve período como líder do povo do Tibet. Eu me senti como se estivesse entre dois vulcões, ambos prestes a entrar em erupção. De um lado havia o protesto veemente, inequívoco e unânime do meu povo contra o regime chinês. Do outro, o poderio armado de uma força de ocupação violenta e agressiva. Se houvesse um choque entre os dois, o resultado era previsível. A população de Lhasa seria vitimada por um impiedoso massacre em massa, e Lhasa e o resto do Tibet estariam sujeitos a um domínio militar total, com todo tipo de perseguição e tirania. A causa imediata da situação explosiva era a minha ida ao acampamento chinês. Mas ao mesmo tempo não havia nenhum outro mediador, e eu sabia que pelo bem do meu próprio povo deveria tentar acalmar a ira da população e apaziguar os chineses que estavam certamente ainda mais furiosos.

Eu havia esperado que o anúncio de que não iria levasse o protesto a um fim e fizesse o povo voltar para suas casas em paz. Mas aquilo não bastou. Os líderes disseram que não iriam embora enquanto eu não lhes garantisse que decidira recusar qualquer convite futuro para ir ao acampamento chinês. Eu pagaria qualquer preço para evitar um desastre; portanto, prometi o que me pediram. Então vários líderes partiram, mas a maior parte das pessoas permaneceu do lado de fora do palácio disposta a não ir embora.

Cerca de uma hora da tarde, pedi a meus três ministros que fossem à presença do general Tan Kuan-sen e explicassem a gravidade da situação. Havia ainda uma enorme multidão do lado de fora dos portões determinada a impedir que qualquer um saísse e, quando os ministros chegaram ao portão, o povo suspeitou que eu os pudesse estar seguindo. Os ministros explicaram à multidão, com alguma dificuldade, que eu os havia instruído a ir ao quartel-general chinês dizer ao general que eu não poderia comparecer ao seu espetáculo teatral. Apesar disso, a multidão insistiu em revistar os carros dos ministros para ter a certeza de que eu não estava escondido dentro de um deles e, ao se certificarem, permitiram sua passagem. Durante a discussão nos portões, o porta-voz da multidão disse que haviam decidido escolher entre eles alguém para ficar de guarda em torno do palácio para evitar que os chineses entrassem e me levassem. Os ministros tentaram persuadi-los a não fazer isso, mas seus conselhos foram ignorados.

Quando os ministros voltaram aquela tarde, contaram-me o que havia acontecido no quartel-general chinês. O general Tan Kuan-sen não estava lá quando chegaram, mas havia dez oficiais esperando por eles, aparentemente envolvidos numa conversa séria. Com eles estava Ngabo, meu outro ministro do Gabinete, vestido com roupas tibetanas e não com o uniforme de general chinês que recentemente fora obrigado a usar sempre que estivesse nas instalações chinesas. Ngabo estava sentado com os oficiais, mas não parecia tomar parte na discussão, e não se levantou para juntar-se aos ministros quando entraram.

Durante algum tempo, nenhuma das partes disse uma palavra sequer sobre os acontecimentos daquele dia. Os oficiais não pareciam preocupados e perguntaram educadamente sobre a saúde dos ministros. Mas a atmosfera mudou de súbito quando o general Tan Kuan-sen entrou e assumiu a condução da reunião.

Os ministros me disseram que o general parecia furioso ao entrar na sala. Sua aparência era intimidante, e os ministros se levantaram nervosamente demonstrando respeito. Por alguns minutos, ele pareceu sufocado pela raiva e não cumprimentou os ministros. Surkhang iniciou a conversa comunicando que eu os havia enviado para explicar o que impedira minha ida ao espetáculo dramático. Disse que eu estava absolutamente decidido a ir, mas que o desejo da população era tão fortemente contrário a isso que eu tivera que desistir da idéia. Os outros dois ministros contribuíram com suas explicações. Quando o intérprete terminou de falar, o rosto do general tingiu-se de vermelho. Levantou-se da cadeira e pôs-se a andar de um lado para o outro, parecendo transtornado de raiva. Fazendo um grande esforço, recobrou o autocontrole e sentou-se novamente. Então, numa ponderação estudada e falando devagar, deu início a uma arenga contra os ministros e os "reacionários tibetanos". Embora parecesse tentar controlar a irritação, sua voz freqüentemente se elevava e sua raiva explodia numa linguagem grosseira e ultrajante. Usava palavras em chinês jamais empregadas em qualquer ambiente educado em sua terra. O ponto principal de seu discurso era que o governo do Tibet organizara secretamente as agitações populares contra as autoridades chinesas e ajudara os *khampas* em sua rebelião. As autoridades tibetanas haviam desafiado as ordens dos chineses, recusando-se a desarmar os *khampas* em Lhasa – e agora medidas drásticas seriam tomadas para esmagar a oposição ao domínio chinês.

Dois outros generais discursaram no mesmo tom violento. Um deles declarou que era chegada a hora de "destruir todos esses reacionários. Nosso governo foi tolerante até aqui", disse ele, "mas isto é uma rebelião. Chegamos ao limite. Temos que agir agora. Portanto, preparem-se!".

Meus aturdidos ministros consideraram essas diatribes um ultimato de ação militar caso a agitação popular não cessasse imediatamente. Eles estavam convencidos de que a perspectiva era perigosa e envolvia a segurança pessoal do Dalai-Lama. Sabiam que, se algo acontecesse comigo, o Tibet estaria acabado e por isso tentaram recomendar paciência. Shasur disse ao general que os chineses deveriam tentar compreender o povo tibetano e ser pacientes e tolerantes. Não deveriam transformar uma situação séria em outra ainda pior, recorrendo à retaliação. E garantiu-lhe que o Gabinete faria o possível para evitar uma explosão anárquica entre os *khampas* ou quaisquer outros tibetanos suficientemente imprudentes para tentar provocar um conflito armado com as forças de ocupação. Mas os generais chineses rejeitaram esse compromisso e não deram ouvidos aos seus conselhos.

Profundamente abalados, os ministros voltaram ao Norbulingka próximo às cinco da tarde. Já então, parte da multidão havia se dispersado, embora ainda houvesse um grande número de pessoas em frente ao portão principal. Soubemos depois que aqueles que já não estavam mais lá tinham ido para a cidade organizar reuniões públicas e protestos em massa contra os chineses. Em suas reuniões, eles condenaram o Acordo de Dezessete Cláusulas alegando que os chineses o haviam descumprido e exigiram uma vez mais que os chineses se retirassem. Às seis da tarde, cerca de setenta membros do governo, na maioria funcionários menos graduados, junto com os líderes da multidão e membros do Regimento Kusung (a guarda do Dalai-Lama), organizaram uma reunião nos terrenos do Norbulingka e endossaram a declaração que havia sido feita nas reuniões na cidade. Redigiram também uma declaração que dizia que o Tibet não reconhecia mais a autoridade chinesa. Logo depois, o Regimento Kusung também declarou que não aceitaria ordens das autoridades chinesas, seus homens tiraram os uniformes chineses que haviam sido obrigados a usar e vestiram seus uniformes tibetanos.

Assim que fiquei sabendo dessas decisões, enviei instruções aos líderes dizendo que seu dever era reduzir a tensão existente e não agravá-la – que fossem pacientes e encarassem todos os acontecimentos com calma e tolerância. Mas já havia tanta repulsa na indignação das pessoas e sua desconfiança dos chineses era tão grande que meus conselhos não pareceram surtir qualquer efeito sobre eles.

Naquela mesma noite recebi uma carta do general Tan Kuan-sen. Foi a primeira de três cartas que me enviou em poucos dias, e eu respondi a todas elas.

Essas cartas foram publicadas pelos chineses, ao fim de todos os acontecimentos em Lhasa, como apoio à sua propaganda. Eles as usaram para tentar provar que eu queria buscar abrigo no quartel-general chinês, mas fora mantido no Norbulingka sob coação do que eles chamavam de uma "facção reacionária", e, finalmente, seqüestrado para a Índia contra a minha vontade. Essa história foi repetida por alguns órgãos de imprensa estrangeiros favoráveis à China comunista, e fiquei chocado ao saber, mais de um ano depois, que fora citada por um membro da aristocracia inglesa na Câmara dos Lordes. Como se trata do exato oposto da verdade, quero descrever as circunstâncias em que essas cartas foram escritas e meus motivos para escrevê-las e dizer de uma vez por todas que, quando deixei Lhasa, eu o fiz por livre e espontânea vontade. A decisão foi somente minha, tomada sob a tensão de uma situação desesperadora. Não fui seqüestrado por ninguém do meu círculo, nem ninguém me pressionou a deixar meu país. A única pressão consistia no fato de que os chineses estavam preparando um cerco ao meu palácio e minha vida correria perigo se eu lá ficasse. Isso qualquer tibetano em Lhasa podia perceber.

As cartas que o general me dirigiu foram escritas em termos amigáveis, que pareceriam sinceros se eu já não tivesse sido alertado por meus ministros a respeito de sua ira. Ele disse que estava preocupado com minha segurança e me convidava a buscar refúgio em seu acampamento.

Respondi a todas as suas cartas para ganhar tempo – tempo para que a raiva se aplacasse nos dois lados e para que eu pedisse moderação ao povo de Lhasa. Tendo em vista esses objetivos, achei que seria tolice argumentar com o general, ou afirmar que buscar com os chineses proteção contra meu povo era de fato a última coisa de que eu precisava. Em vez disso, decidi responder de um modo que, eu esperava, pudesse acalmá-lo, dando a impressão de que aceitava sua preocupação e valorizava seus conselhos. Em minha primeira carta, eu lhe falei do quanto havia ficado desgostoso com o comportamento do meu povo, impedindo-me de comparecer ao espetáculo. Na segunda, eu lhe disse que havia dado ordens para que as pessoas que cercavam o Norbulingka dispersassem e concordei com ele quanto ao fato de que essas pessoas, sob o pretexto de me proteger, apenas agravavam as relações entre os chineses e o nosso governo. Na terceira carta, acrescentei que eu precisaria distinguir as pessoas que apoiavam as novas idéias daquelas que a elas se opunham, antes de visitar seu quartel-general.

Mesmo se eu tivesse imaginado na época que mais tarde essas cartas seriam citadas contra mim, ainda assim as teria escrito, pois meu dever moral mais urgente naquele momento era evitar um confronto totalmente desastroso entre meu povo desarmado e o exército chinês.

E talvez eu deva repetir mais uma vez que, como não aprovo a violência, não seria capaz de aprovar o comportamento violento do povo de Lhasa. Eu poderia apreciar, como aprecio, sua afeição por mim, como o símbolo do Tibet, um sentimento que foi a causa imediata da raiva que demonstraram aos chineses naquele dia fatídico. Eu não podia culpá-los por estarem ansiosos com a minha segurança, pois o Dalai-Lama representava o principal motivo pelo qual viviam e trabalhavam. Mas eu tinha certeza de que, se persistissem no que estavam fazendo, estariam provocando um desastre. Como chefe de Estado eu tinha que tentar de todas as maneiras refrear seus sentimentos e impedir que causassem sua própria destruição sob o peso do exército chinês. Portanto, o conselho que lhes dei foi absolutamente sincero e, embora minhas cartas ao general chinês tenham sido escritas para dissimular minhas verdadeiras intenções, senti e ainda sinto que eram justificadas.

Mas no dia seguinte, 11 de março, ficou claro que a população de Lhasa estava cada vez mais refratária a qualquer tentativa de controle. Nesse dia, seis guardas foram colocados próximo à sala do Gabinete no Norbulingka e os ministros avisados de que não poderiam sair de lá. Certamente o povo suspeitava de que o Gabinete pudesse fazer algum tipo de acordo com os chineses, frustrando assim a exigência popular de que saíssem do Tibet. O Gabinete convocou uma reunião de emergência.

Somente quatro dos seis ministros compareceram, pois Samdup Phodrang ainda estava muito fraco, em conseqüência dos ferimentos, e Ngabo se recusou a sair do acampamento chinês. Mas esses quatro decidiram fazer um novo esforço para convencer o povo a cessar seus protestos e mandaram buscar os líderes populares.

Naquela reunião, os líderes pareceram mais receptivos e garantiram ao Gabinete que recomendariam às pessoas que dispersassem. Disseram também lamentar que Samdup Phodrang tivesse sido ferido e pediram ao Gabinete que lhe encaminhasse alguns presentes como um pedido de desculpas.

Provavelmente, com essa disposição mais conciliatória, o povo teria se dispersado logo e os esforços que eu e o Gabinete fizéramos para que os protestos chegassem pacificamente ao fim teriam tido sucesso. Mas então chegaram mais duas cartas do general, uma para mim e outra para o Gabinete. A carta dirigida ao Gabinete jogava por terra todos os nossos esforços. Ela dizia que os "rebeldes" haviam armado barricadas no lado norte de Lhasa, nas estradas que levavam à China, e instava o Gabinete a ordenar que fossem retiradas imediatamente. Advertia que, se isso não fosse feito, "sérias conseqüências sobreviriam e a responsabilidade recairia sobre Surkhang, Liushar, Shasur e Donyerchemo".

O Gabinete mandou chamar outra vez os líderes populares e recomendou que retirassem as barricadas para que os chineses não tivessem um pretexto para mais repressão. Mas esse conselho teve o efeito oposto. Os líderes se recusaram terminantemente a demolir as barricadas. Como as tinham colocado ali para proteger o Norbulingka, impedindo os reforços chineses de chegarem à cidade, se os chineses queriam sua remoção, a conclusão óbvia é que eles de fato tencionavam atacar o palácio e capturar o Dalai-Lama. Disseram também que os próprios chineses haviam erguido barricadas em frente ao templo e tomado precauções semelhantes para proteger os tibetanos que os apoiavam, como Ngabo. Se os chineses podiam usar barricadas para proteger Ngabo, questionaram eles, por que impediriam o povo de Lhasa de proteger o palácio? Era impossível persuadir os líderes a encarar as ordens dos chineses de outra maneira: a exigência de retirada das barricadas tornou-os mais apreensivos com relação à minha segurança e por isso negaram-se a dispersar a multidão. A inflexibilidade acirrou-se e seis comandantes foram escolhidos dentre o grupo para fortificar a defesa do palácio. Anunciou-se que o palácio se manteria protegido, não importando o que acontecesse.

O agravamento da situação me deixou muito atormentado. Senti que era um passo a mais rumo ao desastre. Então decidi falar eu mesmo com os líderes populares. Compareceram todos os setenta que convoquei. Diante do Gabinete e de outras altas autoridades, fiz o possível para dissuadi-los de suas ações. Disse-lhes que o general chinês não havia me obrigado a aceitar o seu convite: eu fora consultado e concordara, antes que o convite fosse feito. Acrescentei que não temia correr pessoalmente qualquer perigo com os chineses e que eles não deveriam criar uma situação que pudesse trazer tão sérias conseqüências para o povo. Eu sabia que essas palavras iriam ferir seus sentimentos, mas eu tinha que dizer o que sentia, na esperança sincera de que a paz natural de Lhasa pudesse ser restabelecida.

Os líderes não questionaram meu conselho, nem me contestaram. Saíram do encontro em silêncio e foram confabular junto aos portões externos do palácio. Concordaram que era impossível desobedecer as minhas ordens, mas houve uma longa discussão sobre o que aconteceria comigo caso retirassem sua proteção. Finalmente acataram meu pedido de que não realizassem reuniões dentro do Norbulingka. Passaram então a se reunir no povoado de Shol, no sopé do Potala, e a enviar relatórios sobre suas decisões, a mim e ao Gabinete, após cada sessão. Esses relatórios apenas reproduziam suas declarações anteriores: continuariam a me proteger e exigiam que os chineses se retirassem de Lhasa e do Tibet, deixando que os tibetanos cuidassem de seus próprios assuntos.

Os dois dias seguintes se arrastaram. A situação parecia estacionária, os problemas afiguravam-se insolúveis, mas obviamente as coisas não poderiam continuar daquele jeito. Algo teria que acontecer logo, para o bem ou para o mal.

A terceira e última carta do general Tan Kuan-sen para mim chegou na manhã do dia 16 de março e eu a respondi no mesmo dia. Posteriormente, os chineses publicaram ambas as cartas. Mas não disseram que no envelope da carta do general havia uma outra enviada por Ngabo e dirigida a mim. Ngabo não comparecera a nenhuma reunião do Gabinete desde o começo da crise. Agora ele me escrevia para dizer que não achava que houvesse muita chance de paz. Sugeria que eu tentasse "destruir os desígnios hostis dos reacionários" e cortar todas as minhas conexões com os líderes populares. Disse haver concluído que o povo tinha um "plano maligno" de me tirar do Norbulingka. Se isso fosse verdade, seria muito perigoso para mim, pois os chineses haviam tomado todas as precauções para impedir a minha fuga. E mesmo que eu fugisse, acrescentou, na presente situação internacional eu não poderia jamais voltar para Lhasa. E disse mais: "Se Sua Santidade puder ficar dentro dos muros do palácio junto com alguns oficiais de confiança de sua guarda pessoal, mantendo uma posição e indicando ao general Tan Kuan-sen exatamente o prédio que estará ocupando, os chineses certamente irão empenhar-se para que esse prédio não sofra estragos."

Portanto, Ngabo sabia o que apenas imaginávamos: que os chineses pretendiam destruir o palácio e aniquilar a multidão, mas queriam fazer isso, se possível, sem que eu fosse morto.

Ele escreveu para o Gabinete também repetindo o que me dissera e pedindo que retirassem as pessoas do palácio, ou pelo menos as deixassem do lado de fora dos muros. Entendia as dificuldades e, se não conseguissem fazer com que as pessoas saíssem, deveriam tentar me tirar do palácio e me levar para o acampamento chinês, garantindo minha própria segurança. Enquanto isso, pedia que enviassem um diagrama do palácio indicando a posição do prédio em que eu me encontrava.

Eu respondi à carta do general de modo bem semelhante ao que havia usado para escrever-lhe das outras vezes. Ainda me parecia que a única chance de dissuadi-lo de atacar a multidão e o palácio seria aparentar estar de acordo com suas vontades. Não lhe informei em que prédio me encontrava, julgando que, enquanto os chineses não soubessem exatamente me localizar, ainda haveria alguma chance de não usarem a artilharia. Se os informássemos, era muito provável que o resto do Norbulingka fosse reduzido a ruínas. Repeti que iria ao seu acampamento logo que possível. Eu não tinha intenção de ir, mas esperava que com essa promessa ele adiasse a ordem de ataque e nos permitisse retirar as pessoas a tempo. Foi essa a última carta que lhe escrevi.

A atmosfera em torno do palácio estava extremamente tensa. Uma grande multidão exaltada e enraivecida se comprimia fora dos muros, muitos armados com porretes, facas ou quaisquer outras armas que puderam conseguir. Entre eles havia alguns soldados e *khampas* munidos de rifles, algumas metralhadoras e até quatorze ou quinze morteiros. Numa luta corpo a corpo, com os punhos ou com espadas, um tibetano seria capaz de enfrentar uma dúzia de chineses – experiências recentes nas províncias orientais confirmaram essa velha crença. Mas era óbvio que sua força seria inútil contra o armamento pesado que os chineses usariam para exterminá-los. Efetivamente, eles não tinham nada com que lutar, exceto sua determinação de me proteger.

Dos muros internos para dentro, porém, no âmbito imediato dos recintos do palácio, tudo aparentava calma e paz. O jardim estava sossegado como de costume. Os pavões ostentavam as plumas abertas, indiferentes ao tumulto das pessoas, pássaros de canto voavam de árvore em árvore, combinando sua música à das fontes, o cervo domesticado, os peixes, os patos e os grous brancos estavam tranqüilos como sempre. Um contingente da minha guarda pessoal, sem os uniformes habituais, aguava os gramados e canteiros de flores. A atmosfera era ainda aquela típica do Tibet, onde durante séculos as pessoas buscaram a paz de espírito e se devotaram, por meio de sua religião, a encontrar o caminho da libertação da tristeza e do sofrimento.

No dia 16 de março começaram a chegar notícias sobre os preparativos dos chineses para a destruição desse lugar tranqüilo. O Gabinete e eu fomos informados de que toda a artilharia que havia no distrito estava sendo transportada para locais de onde pudessem atingir a cidade e particularmente o Norbulingka. Um homem que trabalhava numa usina hidrelétrica em construção, cerca de treze quilômetros a leste de Lhasa, contou que quatro canhões de montanha e vinte e oito metralhadoras pesadas haviam sido levados secretamente para Lhasa durante a noite do dia 14, escoltados por diversos caminhões repletos de soldados chineses. Um funcionário distrital de Bomtue, vinte e quatro quilômetros a leste de Lhasa, nos informou que vinte peças de artilharia pesada haviam seguido em direção à cidade. Na noite do dia 13, e novamente no dia 15, dois gigantescos veículos militares chineses, com três soldados em cada um, foram vistos próximos ao portão norte do palácio, com instrumentos mecânicos que, aparentemente, utilizaram para fazer medições. Ao perceberem que estavam sendo observados, saíram de lá às pressas, e os guardas do povo que os viram logo concluíram que estavam tirando medidas para calcular a mira da artilharia pesada sobre o palácio. Naquela noite, cem caminhões chineses recém-chegados foram vistos seguindo lentamente na direção do Potala e de lá para o acampamento chinês. Na manhã seguinte, as pessoas observaram quinze ou vinte chineses em roupas civis no alto de postes telegráficos, aparentemente consertando os fios, mas concluíram que estavam fazendo novas medições de alcance. Nosso povo, que pouco sabia sobre artilharia, poderia estar equivocado, mas essa foi sua conclusão.

Além de todas essas observações, havia rumores de que mais tropas estavam chegando da China em aviões. Na noite do dia 16, as pessoas tinham certeza de que os chineses estavam prestes a cercar o palácio e que o perigo poderia chegar sem aviso a qualquer momento. O estado emocional da população chegara às raias do pânico, mas ela se negava a deixar o palácio e me abandonar, imune a qualquer tentativa para acalmá-la. Sua fúria contra os chineses era incontrolável. Aquela foi uma noite muito tumultuada para todos, ninguém conseguiu dormir.

Quando amanheceu, os rumores ainda brotavam, se propagando, e a destruição ainda parecia iminente e a situação absolutamente desesperadora. Fiz uma reunião com o Gabinete. Só uma questão nos preocupava: como poderíamos evitar a destruição do palácio e o massacre dos milhares de pessoas à sua volta? Decidimos encaminhar outro apelo ao general chinês para que não usasse a força, mas esperasse até que o Gabinete houvesse tentado mais uma vez convencer a multidão a dispersar pacificamente. O Gabinete escreveu às pressas uma carta a Ngabo dizendo que as pessoas estavam agindo de forma insensata e sob tensão emocional, mas que ainda havia esperanças de convencê-las a sair do palácio. Os membros do Gabinete sugeriam também que Ngabo ajudasse a levar-me para o acampamento chinês, concordando que seria muito difícil, já que toda a área em torno do palácio estava controlada pelo povo, mas dizendo que fariam o possível. Enviaram um código especial com a carta pedindo que Ngabo o usasse em sua resposta, pois os guardas populares em torno do palácio haviam começado a censurar todas as cartas que chegavam às suas mãos. O único propósito daquela carta, evidentemente, era aplacar o general chinês. Na verdade, para mim teria sido absolutamente impossível chegar ao acampamento chinês. Eu teria sem dúvida querido ir, ficando à mercê dos chineses, se isso pudesse ter evitado o massacre do meu povo. Mas o povo jamais teria me deixado fazer isso.

Foi muito difícil enviar aquela carta, pois os guardas populares estavam alertas e não deixavam os funcionários sair do palácio. Mas um dos assessores do Ministro Shasur conseguiu escapar, sob o pretexto de fazer algumas compras na cidade, e conseguiu entregar a carta a Ngabo e voltar com a sua resposta. Esta foi apenas uma breve e educada notificação de recebimento. Ele disse que ficava satisfeito com a sugestão do Gabinete e prometeu enviar uma resposta detalhada mais tarde. A resposta, porém, só chegou depois que tudo havia se acabado.

Aproximadamente às quatro horas daquela tarde, enquanto eu discutia a resposta de Ngabo com os ministros, ouvimos o estrondo de dois morteiros pesados vindo de um acampamento chinês próximo. E ouvimos também quando os projéteis caíram num brejo, além do portão norte.

Com esses dois disparos isolados, a aflição e a raiva da multidão chegaram ao clímax final. Jamais foi dada qualquer explicação sobre o motivo daqueles disparos, mas aqueles que os ouviram só podiam imaginar que o ataque começara e que o palácio era o alvo. Dentro do palácio, todos sentiram que o fim havia chegado e que alguma medida drástica deveria ser tomada sem demora, mas ninguém conseguia decidir o que fazer.

Era eu quem teria que encontrar a resposta e tomar uma decisão, mas, com a minha inexperiência, isso não era nada fácil. Não tenho medo da morte. Não tinha medo de ser uma das vítimas do ataque chinês. Acredito honestamente que minha rigorosa formação religiosa me dera forças suficientes para encarar a perspectiva de deixar meu corpo atual sem qualquer apreensão. Eu senti, como sinto sempre, que sou apenas um ser mortal e um instrumento do eterno espírito de meu Mestre e que o fim de um corpo mortal não tem maiores conseqüências. Mas eu sabia que meu povo e as autoridades do meu governo não compartilhariam meus sentimentos. Para eles, a pessoa do Dalai-Lama era supremamente preciosa, por representar o que havia de mais precioso: o Tibet e o modo de vida tibetano. Estavam convencidos de que, se meu corpo perecesse nas mãos dos chineses, a vida do Tibet também chegaria ao fim.

Quando então os canhões chineses fizeram soar aquele aviso de morte, o primeiro pensamento que ocorreu a todos os funcionários no palácio, e a cada membro humilde da enorme multidão em torno dele, foi que minha vida deveria ser salva e que eu deveria deixar o palácio e a cidade imediatamente. A decisão não era uma questão simples: os riscos eram altos e todo o futuro do Tibet dependia dela. Não havia qualquer certeza de que a fuga seria fisicamente possível – Ngabo nos garantira que não era. Se eu conseguisse escapar de Lhasa, para onde seguiria? Como conseguiria asilo? Acima de tudo, iriam os chineses destruir nossa cidade sagrada e massacrar nosso povo se eu fugisse, ou iria o povo debandar do palácio assim que soubesse da minha fuga, salvando desse modo algumas vidas? Nossas mentes estavam confusas, tudo era incerto, exceto a ansiosa pressão de toda a minha gente para me tirar de lá antes que a orgia de destruição e massacre dos chineses tivesse início. Esse era o único ponto que pesava em minha decisão. Se eu resolvesse ficar, aumentaria ainda mais o sofrimento do meu povo e dos meus amigos mais próximos. Decidi então partir. Não preciso dizer o quanto rezei pedindo a orientação que recebi.

Não sabíamos aonde a viagem nos levaria ou como terminaria, mas todas as pessoas mais próximas queriam me acompanhar: os quatro membros do meu gabinete que estavam presentes, meus tutores, meus auxiliares pessoais, homens de minha guarda e, é claro, os membros mais próximos da minha família. Minha mãe chegara ao Norbulingka quando a confusão começou e trouxera consigo meu irmão mais novo – o irmão que havia renascido após ter morrido aos dois anos. Minha irmã mais velha, que era casada com Kusung Depon, o chefe da minha guarda pessoal, também estava lá. Dois dos meus irmãos se encontravam nos Estados Unidos, e o outro, na Índia, assim como minha irmã mais nova, que cursava num colégio em Darjeeling.

Assim, seria um grupo grande, e precisaríamos da ajuda de um número ainda maior de pessoas. Mas precisávamos manter tudo em segredo, não apenas dos chineses mas também da multidão do lado de fora, pois todos suspeitavam que pudesse haver espiões chineses no meio dela. Além disso, se soubessem que eu estava partindo, milhares de pessoas teriam me seguido para oferecer proteção. Os chineses certamente veriam e o massacre começaria de imediato.

Eu e meus ministros consultamos os líderes populares e eles perceberam imediatamente que isso teria que ser feito sem que a massa humana que os elegera fosse informada. Eles nos deram toda a sua cooperação. Eu escrevi uma carta, que deixei no Norbulingka com instruções, para que lhes fossem entregue no dia seguinte. Nela eu lhes suplicava mais uma vez que não abrissem fogo a menos que fossem atacados e lhes prometia instruções mais detalhadas assim que estivesse a salvo dos perigos imediatos e das restrições da minha atual situação.

Não havia tempo para carregar conosco nada que não fosse essencial, pois tínhamos que estar bem longe de Lhasa antes do amanhecer. Os ministros levaram meu selo do cargo, o selo do Gabinete e alguns documentos que estavam no Norbulingka. A maior parte dos documentos de Estado teve que ser deixada para trás, assim como todos os nossos pertences pessoais. Só pude levar uma ou duas mudas de meu hábito. Não havia condições de ir ao Tesouro para nos prover de fundos ou ao Potala para carregar parte da desmedida riqueza em jóias e tesouros que eu havia herdado.

Decidimos sair em pequenos grupos. O primeiro imperativo seria atravessar o rio. Tanto o Norbulingka quanto o acampamento chinês ficavam próximos à sua margem norte, e só teríamos alguma chance de nos afastar de lá pelo lado sul.

O administrador de um dos mosteiros foi incumbido de atravessar o rio e providenciar cavalos e uma escolta no outro lado. Doji Dadul, o comandante do segundo batalhão do exército tibetano, foi com cerca de cem soldados montar guarda num ponto a sudeste do Norbulingka, onde o rio é estreito e relativamente fácil de ser atravessado. Nessa etapa inicial, o plano quase terminou em desastre. Os homens haviam caminhado apenas oitocentos metros quando, de súbito, avistaram uma patrulha chinesa, aparentemente se dirigindo para o mesmo ponto. Imediatamente apontaram suas metralhadoras leves Bren e dispararam cinco tiros. Essa presença de espírito salvou a situação. Os chineses sabiam que havia *khampas* armados perto do rio e, no escuro, não podiam ter idéia do tamanho ou da natureza do grupo tibetano. Recuaram então, buscando segurança em seu acampamento, que ficava perto dali.

Quando tudo estava pronto, fui até a capela de Mahakala. Eu sempre ia lá para me despedir quando partia em viagens mais longas. Ainda havia monges no local, oferecendo suas constantes orações, sem saber o que estava por acontecer. Ofereci uma *écharpe* no altar como símbolo da despedida, sabendo que eles se perguntariam por que eu havia feito aquilo, mas sabendo também que jamais manifestariam sua surpresa.

Ao sair da capela, encontrei meu ecônomo sênior, o abade oficial chefe e Kusung Depon. O ecônomo e o abade já estavam vestidos com roupas comuns de leigos. Havíamos combinado um encontro no portão do muro interno às dez. Acertamos os nossos relógios. Fui então a diversas outras capelas, as abençoei e depois fui para os meus aposentos, onde fiquei esperando, sozinho.

Enquanto aguardava o momento, sabia que minha mãe, minha irmã e meu irmão menor estavam partindo: havíamos combinado que eles seriam os primeiros a sair, minha mãe e minha irmã vestidas como homens. Eu partiria em seguida, e os ministros do Gabinete, meus tutores e alguns outros formariam o terceiro e último grupo.

Cerca das nove e meia, tirei meu hábito de monge e vesti as roupas de soldado e um quepe de pele que tinham me dado. Naquelas roupas estranhas, fui até minha sala de orações pela última vez. Sentei-me no meu trono habitual, abri o livro dos ensinamentos do Senhor Buda que ficava diante dele e li em voz baixa até uma passagem em que o Senhor Buda aconselha um discípulo a ser bem corajoso. Então fechei o livro, abençoei a sala e apaguei as luzes. Ao sair, minha mente estava enxuta de qualquer emoção. Tinha consciência dos meus passos fortes no chão de terra batida e do tique-taque do relógio ressoando no silêncio.

Na porta interna de minha casa, um único soldado esperava por mim, e havia outro junto à porta externa. Peguei o rifle de um deles e pendurei-o em meu ombro para completar o disfarce. Os soldados me seguiram e caminhei pelo jardim escuro que guardava tantas das lembranças mais felizes de minha vida.

Kusung Depon dissera aos guardas que dispersassem dos portões do jardim e do portão do muro interno. Ele me encontrou no primeiro portão, e meus dois outros acompanhantes, no segundo. Ao passarmos pela biblioteca sagrada, perto do templo de Mahakala, descobrimos nossas cabeças em sinal de respeito e de despedida. Atravessamos o parque em direção ao portão do muro exterior, o abade, o ecônomo e o comandante da guarda pessoal à frente, eu e os dois outros soldados atrás deles. Tirei meus óculos, imaginando que ninguém me reconheceria sem eles.

O portão estava fechado. Meu ecônomo tomou a dianteira e disse aos guardas que iria sair para fazer uma inspeção. Eles o saudaram e abriram a sólida fechadura.

Somente uma vez em minha vida, quando fora levado para Yatung nove anos antes, eu havia saído pelo portão do Norbulingka sem uma procissão cerimonial. Ao cruzá-lo, pude vislumbrar na escuridão os grupos da minha gente que ainda o guardavam, mas ninguém prestou atenção no humilde soldado, e saí sem explicações, caminhando em direção à estrada escura mais além.

11

Fuga

A caminho do rio passamos por um grupo numeroso, e meu ecônomo parou para conversar com seus líderes. Alguns haviam sido avisados que eu iria partir naquela noite, mas o grupo em geral não sabia disso. Enquanto conversavam, fiquei parado, esperando, tentando parecer um soldado. A escuridão não era total, mas eu não conseguia enxergar bem sem meus óculos e não sabia se as pessoas estavam ou não olhando para mim com curiosidade. Fiquei aliviado quando a conversa terminou.

Chegamos à margem do rio sobre o local da travessia e tivemos que descer por barrancas de areia branca entremeadas de moitas escuras. O abade é um homem corpulento e resolvera levar consigo uma enorme espada, com a qual, tenho certeza, estava pronto para promover grandes estragos – ao menos adotava uma atitude muito ameaçadora diante de todas as moitas. Mas nenhuma delas escondia um inimigo.

Atravessamos o rio em canoas. Na outra margem encontramos minha família. Meus ministros e tutores, que haviam saído do Norbulingka escondidos sob a lona de um caminhão, também nos encontraram lá. Cerca de trinta soldados *khampas* nos esperavam, com três de seus líderes: Kunga Samten, Tempa Thargye e um rapaz muito valente de apenas vinte anos, chamado Wangchug Tsering. Um garoto chamado Losang Yishi também estava lá. Era um dos meninos que haviam sido levados para o colégio em Pequim, mas que resistiu à doutrinação chinesa durante os cinco anos em que lá esteve. Ele morreu lutando dois dias depois.

Nós trocamos *écharpes* com esses líderes. Eles haviam providenciado tudo da melhor maneira possível dentro das circunstâncias. O administrador do mosteiro providenciara pôneis para todos nós, embora não tivesse conseguido nenhuma boa sela. Após cumprimentos apressados e sussurrados, montamos e nos pusemos a caminho. Os primeiros quilômetros seriam provavelmente os mais perigosos.

Não havia estrada, somente uma trilha pedregosa que contornava uma montanha acima do rio. À direita, podíamos ver as luzes do acampamento chinês. Estávamos ao alcance da artilharia e era impossível dizer se havia patrulhas nas margens escuras do rio abaixo de nós. Ainda mais perto, passamos por uma ilha onde, mesmo à noite, os chineses iam constantemente buscar pedras. Se algum deles aparecesse, seríamos denunciados. Quase não podíamos ver o caminho por onde seguíamos. O tinido das ferraduras nas pedras parecia muito alto. Achamos que as patrulhas poderiam ouvi-lo, mas precisávamos nos apressar. Perdi a trilha uma vez e tive que fazer a volta com meu pônei e retornar. Então vimos tochas atrás de nós e nos pareceu por alguns instantes que os chineses estavam em nosso encalço. Mas eram soldados tibetanos, tentando guiar algumas pessoas do nosso grupo que haviam tomado a trilha errada e perdido completamente o caminho.

Conseguimos todos passar, sem problemas, por aquele

ponto perigoso e nos reencontramos na margem do rio cerca de cinco quilômetros abaixo. Depois daquele ponto, o rio era tão raso que os caminhões podiam atravessá-lo, e se os chineses tivessem sido alertados teriam descido pela outra margem e nos interceptado. Por isso, um dos oficiais e alguns soldados ficaram por lá como retaguarda. O resto do grupo seguiu em frente, para longe da cidade, em direção ao campo quieto e descampado.

Por muito tempo não notamos qualquer sinal de vida. Mas perto das três da manhã um cachorro latiu e vimos uma casa adiante. Mandei meu ecônomo na frente para investigar onde estávamos e quem era o dono daquela casa. Ele descobriu que o nome do lugar era Namgyalgang. O dono era um homem simples e bondoso, e dois membros da nossa escolta já haviam estado lá para avisá-lo que receberia uma visita muito importante. Eu estava cansado e repousei um pouquinho naquele lugar. Esta foi a primeira de muitas casas tibetanas humildes cujos donos me abrigaram, sem se importar com o risco que corriam. Alguns sabendo, outros desconhecendo quem eu era.

Lá, Wangchug Tsering, o admirável líder *khampa* de vinte anos de idade, deixou-nos para juntar-se a quatrocentos de seus homens e nos proteger contra ataques além do rio. Ele já havia designado duzentos ou trezentos outros homens para defender nosso caminho.

Quando deixei o Norbulingka, e durante essa primeira parte inquietante da viagem, eu não pensava em ir direto para a Índia. Ainda tinha esperanças de poder ficar em algum lugar do Tibet. Não era possível, de qualquer maneira, tomar quaisquer dos caminhos usuais que saíam do sudoeste de Lhasa rumo à Índia, pois estavam, com certeza, fortemente guardados por chineses. Em vez disso, rumamos para o sul e sudeste de Lhasa. Nessa direção há uma vasta área montanhosa desprovida de estradas que o exército chinês teria considerado bastante difícil atravessar. Essa área praticamente inacessível era um dos principais baluartes dos *khampas* e de outros tibetanos que haviam se juntado a eles como guerrilheiros. Do coração dessas montanhas, através do principal maciço dos Himalaias, vários caminhos levavam à fronteira com o Butão e daí à Índia. Esses caminhos foram utilizados durante séculos por negociantes tibetanos e butaneses; portanto, se o pior acontecesse, teríamos sempre uma linha de retirada atrás de nós.

Mas antes de alcançar esse possível santuário nas montanhas, era preciso atravessar o largo rio Brahmaputra, que no Tibet é chamado de Tsang Po, e, antes de chegarmos ao rio, teríamos que transpor uma garganta muito alta: o Che-la. Como havia o perigo de que, caso os chineses houvessem descoberto minha fuga, pusessem patrulhas ao longo do Tsang Po, precisávamos nos adiantar para atravessá-lo o quanto antes.

Chegamos ao sopé do Che-la por volta das oito da manhã e paramos para tomar chá. O sol despontava sobre os picos, dourando a planície às nossas costas, mas ainda estávamos à sombra das montanhas quando começamos a subir a íngreme encosta em direção ao desfiladeiro. O caminho acidentado e fatigante nos levou muito além da orla da neve. Alguns dos pôneis e mulas começaram a ficar para trás. Mas nosso estado de espírito foi revigorado quando um ancião chamado Tashi Norbu, que se juntara a nós na subida, ofereceu-me um elegante cavalo todo branco. Eu o aceitei com gratidão, e todo o meu grupo ficou mais feliz, pois os tibetanos consideram um presente desses como um sinal muito propício.

Che-la significa "garganta de areia". Além do topo encontramos encostas íngremes de areia pelas quais pudemos escorregar, deixando que nossos pôneis seguissem o caminho sinuoso – mas ainda assim levamos três ou quatro horas para atravessar o desfiladeiro. Quando finalmente atingimos o fundo do vale do Tsang Po, uma forte tempestade de areia chegou de repente, quase nos deixando cegos, mas foi um consolo pensar que, se os chineses estivessem patrulhando o vale, a tempestade os teria cegado também.

Não encontramos nenhuma habitação humana próximo ao sopé do desfiladeiro, mas sabíamos que cerca de dezesseis quilômetros a leste – rio abaixo – havia uma balsa. Era a única maneira de cruzar o rio, o que nos fazia considerar a hipótese de os chineses terem chegado lá primeiro. Mas tudo correu bem. Na margem oposta do rio, próximo à balsa, há um pequeno povoado chamado Kyeshong, que significa "vale feliz". Quando a balsa chegou perto da outra margem, pudemos ver um grande número de pessoas reunidas para nos receber. Ao atracarmos, distinguimos soldados *khampas* entre elas, além de guardas do povoado com distintivos brancos e amarelos nos braços – homens do exército voluntário que haviam se juntado aos *khampas.* Ao desembarcarmos, constatamos que estavam arrasados pelo que ouviram falar sobre os acontecimentos em Lhasa. Ao seguirmos caminho, vi que vários deles choravam. Kyeshong foi o primeiro povoado por onde passamos em nossa viagem, e talvez por este fato, ou talvez por causa de seu nome, fiquei mais triste ainda ao voltarmos ao caminho. Lá, pensei, estava o povo do Tibet que vivera em seu vale feliz durante séculos, em perfeita paz e harmonia, e agora um medo sinistro pairava sobre eles ameaçando sua existência. Porém seu estado de espírito era altivo e sua coragem, indomável. Eu sabia que, houvesse eu pedido sua ajuda ou não, eles me protegeriam com suas vidas.

Com o rio e aquela gente firme na retaguarda, estávamos momentaneamente a salvo de perseguições. Em torno das quatro e meia daquela tarde, chegamos a um mosteiro chamado Ra-me, onde decidimos passar a noite. Vínhamos cavalgando acelerado por quase dezoito horas, com paradas ligeiríssimas, e nem nós nem os nossos pôneis teríamos agüentado ir muito além. Enquanto descansávamos, crescia nossa preocupação com o grupo que vinha atrás, mas pelas nove horas da noite os últimos chegaram.

Meus ministros escreveram duas cartas naquela noite, uma para Ngabo e a outra para Samdup Phodrang, os dois ministros que haviam permanecido em Lhasa, exortando-os a fazerem o possível para ajudar o Tibet e afirmando sua certeza de que todos eles compartilhavam as mesmas esperanças com relação à liberdade em nosso país.

A essa altura, nosso grupo havia aumentado para cem pessoas e éramos escoltados por cerca de trezentos e cinqüenta soldados tibetanos e, pelo menos, cinqüenta guerrilheiros. Partindo de Ra-me, um destacamento de cerca de cem homens fora mandado para nos proteger, caso os chineses viessem da direção da estrada principal para a Índia. Nos cinco dias seguintes, cavalgamos em direção ao coração das montanhas pelas trilhas estreitas e pedregosas típicas do velho Tibet. De dia nos dividíamos em vários grupos, e todas as noites parávamos num povoado ou num mosteiro. Às vezes não tínhamos os líderes guerrilheiros conosco. Eles iam e vinham, mantendo contato com todos os bandos isolados que viviam nas montanhas, e sabíamos que estávamos cercados por anônimos homens fiéis e determinados. Nem todos sabiam quem estavam protegendo. Na noite seguinte ao nosso pernoite em Ra-me, pousamos em um grande povoado chamado Dophu Choekhor, onde até hoje os guerrilheiros travam uma violenta batalha contra os invasores chineses. O povoado inteiro veio nos acolher, mas nem mesmo os monges do mosteiro próximo me reconheceram, graças às roupas insólitas que eu vestia.

Durante essa marcha de cinco dias, nossos planos foram tomando forma e resolvemos parar por um dia num lugar chamado Chenye, a fim de ter tempo para uma ampla discussão sobre o futuro e para enviarmos instruções às autoridades em Lhasa, aos *khampas* e a outros guerrilheiros. Nosso plano era continuarmos até um lugar chamado Lhuntse Dzong, não muito distante da fronteira. Lá havia um dos maiores fortes da região, dotado de comunicações eficientes com o resto do sul do Tibet. Achamos naquele momento que eu deveria permanecer lá, tentando reabrir negociações pacíficas com os chineses. Tínhamos esperanças de que, enquanto eu permanecesse no Tibet, os chineses vissem alguma vantagem em buscar um acordo e pudessem ser dissuadidos de bombardear Lhasa.

Chegamos sem problemas a Chenye. Um ou dois dias antes, eu havia trazido meu irmão menor para o meu grupo, achando que minha mãe e minha irmã poderiam viajar mais depressa sem ele. E assim foi. Logo estavam uma etapa à nossa frente, com uma pequena escolta de *khampas,* e só as vimos novamente em uma etapa muito mais adiantada da nossa viagem.

Saber que elas estavam em relativa segurança foi como tirar um peso de minha mente. Havíamos levado um radiorreceptor à bateria e ouvíamos todos os boletins informativos que podíamos captar, na esperança de termos notícias de Lhasa. Acho que foi em Chenye que ouvimos a primeira menção a Lhasa, pela *Voz da América*, que noticiava agitações na cidade, acrescentando que meu paradeiro era ignorado.

Pernoitamos em um pequeno mosteiro em Chenye, mas todos nos aconselharam a avançar até a próxima etapa – um outro mosteiro chamado Chongay Riudechen – antes de fazermos nossa parada, pois lá teríamos mais espaço e maior facilidade de entrar em contato com todos os líderes guerrilheiros. Partimos então para mais uma cavalgada de oito horas. Porém, antes que ela se completasse, nossos planos voltaram à estaca zero, pois notícias diretas do que se passava em Lhasa nos alcançaram.

Logo depois de deixarmos Chenye, vimos um grupo de homens a cavalo vindo em nossa direção. Ao se aproximarem, reconhecemos entre eles Tsepon Namseling, um dos funcionários a quem, sete meses antes, o Gabinete havia incumbido de tentar convencer os *khampas* a desistirem de sua resistência armada. Ele se juntara aos *khampas* e nunca mais voltara para Lhasa. Fizemos uma parada e em nossa longa conversa ele me deu notícias detalhadas da disposição das tropas chinesas e de todas as escaramuças que os *khampas* já haviam tido com eles. Mas a notícia arrasadora que ele trouxe foi que Lhasa fora bombardeada.

Ele só ouvira essa notícia indiretamente, mas logo depois chegou uma carta do meu secretário particular, Khenchung Tara. Eu o vira pela última vez em Lhasa, mas a carta havia sido escrita no mosteiro Ra-me. Ele só deixara Lhasa após o início do bombardeio, e estava ferido: fora atingido por um estilhaço de obus enquanto ainda se encontrava no interior do Norbulingka. Por meio de suas notícias e do testemunho ocular de outras pessoas nos dias que se seguiram, conseguimos reconstruir toda a história do desastre que eu lutara tanto para evitar.

O bombardeio havia começado às duas horas da manhã do dia 20 de março, pouco mais de quarenta e oito horas após a minha partida e antes que os chineses a tivessem descoberto. Durante todo o dia eles bombardearam o Norbulingka e depois voltaram a artilharia para a cidade, o Potala, o templo e os mosteiros próximos. Ninguém sabia quantas pessoas foram mortas em Lhasa, mas milhares de cadáveres podiam ser vistos dentro e fora do Norbulingka. Algumas das principais construções do Norbulingka foram praticamente destruídas, e todas as demais, danificadas em maior ou menor grau, exceto a capela de Mahakala, que escapou por milagre. Na cidade, casas foram demolidas ou incendiadas, os telhados dourados do templo principal ficaram esburacados e muitas das capelas à sua volta destruídas. No Potala, a ala oeste foi seriamente danificada, parte das salas que eu utilizava, destruída, assim como a escola do governo, o portão principal, o quartel-general do exército e outras casas na vila de Shol. Um dos obuses caiu no salão que abrigava o mausoléu de ouro do Décimo Terceiro Dalai-Lama. Chakpori, uma das escolas de medicina do Tibet, foi quase reduzida a pó. No grande mosteiro de Sera ocorreu a mesma absurda e bárbara devastação.

No final do primeiro dia, quando o Norbulingka era uma ruína deserta e fumegante, repleta de cadáveres, os chineses entraram. Os poucos tibetanos que, como Ngabo, estavam no acampamento chinês ficaram desesperadamente ansiosos quanto ao meu destino. Naquela noite, os chineses examinaram cadáver por cadáver, observando seus rostos, especialmente os dos monges, e durante a noite um comunicado foi transmitido ao acampamento dizendo que eu havia desaparecido.

Por que os chineses fizeram isso? Arruinaram o Norbulingka acreditando que eu ainda estivesse lá dentro, sem se importarem se haviam ou não me matado. Depois de descobrirem que eu não estava lá, continuaram a bombardear a cidade e os mosteiros. Assim, eles mataram deliberadamente alguns milhares de pessoas, nossas pessoas, armadas apenas com porretes, facas e algumas armas de curto alcance contra toda uma pesada artilharia. Pessoas que possivelmente não seriam capazes de se defender ou causar qualquer dano físico às tropas chinesas. Soubemos, assim que ouvimos as terríveis notícias, que só havia uma razão possível para aquilo. O nosso povo – não especialmente nossas classes ricas ou dominantes, mas nossa gente comum – havia finalmente, oito anos após o início da invasão, convencido os chineses de que não aceitaria jamais o seu domínio. Portanto, os chineses agora tentavam aterrorizá-los através de uma matança impiedosa, para impor-lhes esse domínio.

Posso perceber agora, num calmo retrospecto, que a partir daquele momento era inevitável que eu deixasse o meu país. Não havia mais nada que eu pudesse fazer pelo meu povo, se eu ficasse, e os chineses iriam certamente me capturar no final. Tudo o que eu podia fazer era ir para a Índia, pedir asilo ao governo indiano e lá me devotar a manter viva a esperança do meu povo, onde quer que ele estivesse. Mas essa perspectiva era tão dolorosa que eu ainda não conseguia aceitá-la. Então prosseguimos em direção a Lhuntse Dzong, alimentando ainda esperanças, que só aos poucos foram morrendo, de que lá pudéssemos estabelecer um centro de governo.

12

Ao Exílio

Continuamos em frente, e nossa viagem ficou ainda mais triste do que antes. Eu era jovem e forte, mas alguns dos meus companheiros mais velhos estavam começando a sentir os efeitos do longo percurso que fizéramos tão rapidamente, sabendo que o trecho mais temível ainda estava por vir.

Antes, porém, que deixássemos Chongay, tive a oportunidade há muito esperada de conhecer alguns dos líderes dos *khampas* e com eles falar francamente. Apesar das minhas crenças, eu admirava muito a sua coragem e determinação de dar seguimento à penosa batalha que haviam iniciado pela nossa liberdade, cultura e religião. Agradeci-lhes por sua força e bravura, e também, mais pessoalmente, pela proteção que haviam me proporcionado. Pedi-lhes que não se ofendessem com as proclamações do governo que os haviam descrito como reacionários e bandidos, dizendo-lhes como os chineses as haviam imposto e por que nos sentíramos forçados a divulgá-las. A essa altura, eu já não podia honestamente aconselhá-los a evitar a violência. Eles haviam sacrificado seus lares e todos os confortos e benefícios de uma vida tranqüila em nome de uma luta a favor de seu país. Agora não conseguiam ver opções além de continuar os combates, e eu não tinha nenhuma outra a lhes oferecer. Só pedi que não usassem a violência, salvo na defesa de suas posições nas montanhas. Pude também alertá-los de que as informações que chegavam de Lhasa indicavam que os chineses estavam planejando atacar a região das montanhas onde eles estavam acampados. Portanto, assim que achassem que podiam me deixar sem sua escolta, deveriam voltar às suas defesas.

Muitos monges e funcionários leigos aguardavam para estar comigo, mas tivemos que abreviar nossa permanência por ainda ser grande o risco de que os chineses viessem por outro caminho e nos interceptassem longe da fronteira, do refúgio.

Por mais uma semana avançamos para o coração das altas montanhas e em todos os dias daquela semana atravessamos algum desfiladeiro. A neve havia derretido nos vales e nos desfiladeiros mais baixos, deixando muitas vezes o caminho escorregadio e lamacento. Outras vezes, o caminho nos levava a altitudes que se aproximavam de seis mil metros, onde a neve e o gelo ainda resistiam. A trilha fora feita por robustos comerciantes montanheses de antigamente e havia trechos longos e difíceis para pessoas habituadas à vida recolhida de Lhasa.

Na primeira noite após Chongay, ficamos no mosteiro do qual meu tutor sênior era alto lama. No dia seguinte, tivemos que atravessar o Yarto Tag-la, que é particularmente alto, escarpado e difícil. Alguns dos pôneis não conseguiram subir, e eu e a maior parte do grupo fomos obrigados a apear e conduzi-los pela rédea. Mas no topo, para nossa surpresa, encontramos um platô fértil onde havia iaques pastando e um lago coberto por fina camada de gelo, com uma altíssima montanha nevada ao norte.

Naquela noite, após onze horas de cavalgada e escalada extenuantes, bastante cansados e machucados pelas selas, chegamos a um pequeno lugar chamado E-Chhudhogyang. Esse lugar é conhecido no Tibet por um provérbio: "É melhor nascer animal num lugar onde há capim e água do que nascer em E-Chhudhogyang." Trata-se de um recanto desolado, com uma população de apenas quatrocentas ou quinhentas pessoas. Está sempre à mercê de tempestades e vendavais, e o solo à sua volta é uma areia acinzentada. Não havia, portanto, qualquer tipo de plantação, nem capim ou lenha. Embora quase miseráveis, os habitantes de E-Chhudhogyang eram felizes, pois sabiam olhar a pobreza de frente. Eles nos receberam de braços abertos e ficamos imensamente gratos por compartilharem conosco suas casas humildes. Alguns de meus companheiros, que não encontraram lugar nas casas, ficaram agradecidos por terem abrigo nos telheiros do gado.

Havia já uma semana que viajávamos. Eu sabia, por certo, que meus amigos no estrangeiro estariam muito preocupados com os distúrbios em Lhasa e ansiosos por saber o que acontecera comigo. Mas nenhum de nós, enquanto perseverávamos no caminho, imaginava que nossa fuga pudesse estar nas manchetes dos jornais do mundo inteiro e que pessoas de lugares distantes, como Europa e América, aguardavam com interesse – e espero poder dizer –, com ânimo solidário, notícias de que eu estava a salvo. A comunicação naquele momento, porém, era impossível.

Foi nessa etapa de nossa viagem que soubemos que os chineses anunciaram que haviam dissolvido o nosso governo e aquilo era algo a cujo respeito poderíamos tomar uma atitude. Obviamente, eles não tinham qualquer autoridade para dissolver o governo. Na verdade, ao fazerem esse comunicado, estavam quebrando a única das promessas do Acordo de

Dezessete Cláusulas que até agora havia permanecido nominalmente inviolada: a de não alterar meu *status*. Mas agora que o comunicado fora feito, consideramos que havia o risco de os tibetanos dos distritos isolados julgarem que tal decisão havia sido tomada com meu consentimento. Pareceu-nos que o melhor a fazer seria não apenas refutar, mas criar um novo governo temporário. Decidimos tomar esta providência assim que chegássemos a Lhuntse Dzong.

Faltavam duas etapas até lá. Deixamos E-Chhudhogyang às cinco da manhã para enfrentarmos outro desfiladeiro alto, o Tag-la, que nos levou de novo para as alturas, puxando nossos pôneis acima da orla da neve. Aquele foi mais um dia difícil, dez horas de trilhas escorregadias e pedregosas até chegarmos a um lugar chamado Shopanup. Lá, contudo, tivemos a sorte de encontrar acomodações para todos em um mosteiro, bem mais confortáveis que as da noite anterior. No dia seguinte chegamos a Lhuntse Dzong. Um *dzong* é um forte, e Lhuntse Dzong é uma enorme construção sobre uma rocha, parecida com o Potala, porém menor. As autoridades e os líderes do lugar foram nos receber, e ao nos aproximarmos fomos saudados por uma orquestra de monges que tocavam músicas religiosas no terraço do *dzong*. Mais de mil pessoas, queimando incensos, postaram-se ao longo do caminho. Entramos então no *dzong*, onde ocorreu uma cerimônia de ação de graças por nossa segurança.

Depois disso, realizamos a cerimônia religiosa de consagração da fundação do novo governo temporário. Monges, funcionários leigos, líderes locais e muitas outras pessoas juntaram-se a nós no segundo piso do *dzong*, trazendo as escrituras e os emblemas apropriados. Eu recebi dos monges os tradicionais emblemas de autoridade, e os lamas presentes, inclusive meus tutores, entoaram as orações de entronização. Quando a cerimônia religiosa terminou, descemos para o piso inferior, onde se encontravam reunidos meus ministros e os líderes locais. Foi lida para essa assembléia uma proclamação do estabelecimento do governo temporário, e eu assinei formalmente cópias da proclamação para serem enviadas a diversos lugares por todo o Tibet. As cerimônias se encerraram com a apresentação do Droshey, a Dança da Sorte Propícia.

Por três horas acompanhamos essas gratas cerimônias e durante algum tempo nos distraímos de nossas tragédias e problemas imediatos. Sentimos que estávamos fazendo algo de positivo para o futuro do Tibet.

De Lhuntse Dzong enviamos também uma carta ao Panchen Lama, assim como oferendas ao seu mosteiro de Tashi Lhunpo. De acordo com os costumes, eu deveria ter enviado essas oferendas na época dos meus exames finais, aproximadamente um mês antes, mas não tive como fazê-lo então.

Continuavam a chegar histórias sobre os movimentos dos chineses e a impressão que davam é que eles estavam se preparando para nos atacar. Por isso deixamos o *dzong*, onde estávamos muito expostos, e fomos para um mosteiro um pouco mais adiante. Lá fizemos uma reunião. Já então todos admitíamos intimamente a verdade indesejada: onde quer que, nas montanhas, tentássemos ficar, os chineses poderiam ir atrás de nós, e minha presença lá só poderia causar mais lutas e mais mortes entre os bravos homens que tentariam me defender. Então decidimos finalmente mandar emissários à nossa frente até a fronteira com uma mensagem pedindo asilo ao governo indiano. Não queríamos cruzar a fronteira sem uma permissão. Dissemos aos mensageiros que partissem para o território indiano e entrassem em contato com os primeiros funcionários do governo que encontrassem, pedindo-lhes para enviar a mensagem a Nova Delhi. Deveriam então esperar por uma resposta e trazê-la de volta à fronteira. Esse grupo deixou-nos à meia-noite, cavalgando tão rápido quanto possível. Em linha reta, o ponto onde deveríamos cruzar a fronteira ficava a cerca de cem quilômetros, e pelas trilhas sinuosas a distância provavelmente dobraria.

Nós os seguimos às cinco horas da manhã. Quanto mais nos aproximávamos da fronteira, mais difícil ficava nossa viagem, e nos dias seguintes fomos castigados por uma extraordinária seqüência de nevascas, chuvas torrenciais e ofuscamento pelo brilho da neve. Naquela jornada a trilha se dividiu e havia três caminhos possíveis para o nosso próximo destino, um povoado chamado Jhora. Escolhi o que levava a outro desfiladeiro alto, o Lagoe-la, e próximo ao seu topo pegamos uma violenta tempestade. Fazia muito frio. Nossos dedos e mãos ficaram dormentes, nossas sobrancelhas congelaram e meu irmão menor, particularmente, passou um mau pedaço. Mas como não tínhamos roupas de reserva, a única maneira de nos mantermos aquecidos era andar. Então, mais uma vez, conduzimos nossos pôneis pela rédea. Ao longo de toda a viagem tentamos poupar nossos pôneis ao máximo não apenas por ser uma atitude natural dos tibetanos, mas especialmente porque a viagem era longa e havia pouca forragem para eles. Este foi um dos motivos que fizeram nossa viagem demorar tanto e deixaram nossos amigos de outros países tanto tempo sem notícias de nosso paradeiro.

Por volta das onze horas daquela manhã, acabamos de transpor o desfiladeiro e paramos para descansar. Comemos um pouco de pão, água quente e leite condensado, o que nos pareceu delicioso.

Meus três ministros e os dois tutores haviam ido por outro caminho, um pouco mais longo mas com um desfiladeiro mais baixo, e alguns soldados foram mandados pela terceira alternativa. No entanto, todos nós conseguimos chegar a Jhora quase ao mesmo tempo, às três da tarde. Lá enfim nos encontramos com minha mãe e minha irmã.

A população de Jhora nos recebeu com muito afeto, e na manhã seguinte saímos às quatro horas, desta vez numa longa procissão de duzentas ou trezentas pessoas, incluindo-se os soldados e os *khampas*. Por um pequeno trecho, a trilha seguia pelo fundo de um vale, mas depois começava a subir novamente em direção ao Karpo-la. O tempo estava limpo e claro, mas havia mais neve do que tínhamos encontrado antes e um vento forte a levantava e jogava contra nossos rostos. Poucos de nós tinham óculos para proteger os olhos da claridade intensa, e os demais tinham que cobrir os olhos com faixas de pano colorido ou com a longa trança de cabelo que muitos tibetanos usam em torno da cabeça.

Logo depois de ultrapassar o topo do desfiladeiro, ouvimos um som que num lugar tão remoto e estéril soava inesperado, incongruente e alarmante. Era um avião. Súbito o avião apareceu, um bimotor, voando ao longo de nossa rota. Estávamos muito visíveis, centenas de homens e cavalos contra a neve brilhante. Todos apearam e se dispersaram. A maioria se escondeu por trás de pedras – os soldados tomaram seus rifles e se prepararam para atirar se algo acontecesse. Eu fiquei num pedaço escuro do chão onde não havia neve. O avião passou exatamente sobre nós e, sem alterar seu curso, desapareceu tão rápido que nem pudemos ver as insígnias que haviam nele.

Tivemos, depois, longas discussões sobre aquele avião, como normalmente fazem as pessoas depois que o susto passa. Julgamos que fosse chinês, pois nenhuma outra nação teria enviado um avião para sobrevoar aquele território e acreditávamos que deveria estar procurando por nós. Ele não dera sinais de que nos avistara, mas era impossível pensar que não tivesse nos visto. Prosseguimos com a sensação bastante desconfortável de que os chineses sabiam exatamente onde estávamos e o caminho que tomaríamos. Mas tudo o que podíamos fazer era nos dividirmos em grupos menores, para o caso de outros aviões aparecerem para nos atacar. Aquilo confirmava a convicção de que eu deveria ir para o exílio e de que qualquer lugar onde eu parasse no Tibet poderia ser bombardeado ou sitiado.

Cerca do meio-dia paramos para descansar e comer, mas fomos expulsos por uma tempestade de areia. Incomodados, prosseguimos e chegamos a uma vasta planície coberta por espessa camada de neve. Lá o sol brilhou forte novamente e os que não tinham óculos passaram um mau bocado com a claridade intensa.

Mais dois dias dessa cavalgada extenuante e chegamos ao último povoado do Tibet. Seu nome é Mangmang. Lá encontramos à nossa espera um dos emissários que foram à nossa frente e ele nos deu a boa notícia de que o governo indiano estava disposto a nos oferecer asilo. De fato ele havia visto preparativos sendo feitos para nos receber em Chhuthangmo, o primeiro povoado onde havia uma autoridade indiana residente.

Naquela noite, em Mangmang, nos sentimos bastante seguros. A maior parte do tempo até então vínhamos dormindo totalmente vestidos. Mas Mangmang fica num canto do Tibet. Só há um caminho para lá e este estava bem guardado, pois havíamos deixado algumas centenas de *khampas* e soldados na última encruzilhada de outros caminhos com o nosso. Agora, a menos que nos bombardeassem pelo ar, os chineses não poderiam nos apanhar de surpresa ou nos interceptar.

Lá, porém, os elementos nos castigaram. Pela primeira vez dormimos em tendas e uma chuva abundante caiu. Minha tenda tinha goteiras e inutilmente tentei encontrar um lugar seco, o que me obrigou a ficar sentado pelo resto da noite. A maioria das outras pessoas, em outras tendas, teve o mesmo tipo de contratempo. Pela manhã eu me sentia muito mal. Nem tentamos prosseguir, pois eu estava fraco demais para cavalgar, e durante o dia piorei.

Meus companheiros me levaram para uma pequena casa, mas esta era muito suja e enegrecida pela fumaça. Durante toda a noite seguinte, o gado recolhido embaixo do assoalho no térreo da casa não parou de mugir, enquanto os galos cantavam no telhado. Então, mais uma vez, dormi muito pouco e na manhã seguinte mal podia me mexer. Enquanto eu me encontrava naquele estado melancólico, ouvi uma notícia da Índia em nosso rádio dizendo que eu havia caído do cavalo e estava seriamente machucado. Apesar de saber que aquilo iria preocupar meus amigos, cheguei a me divertir com a notícia – era um infortúnio que, de um jeito ou de outro, eu havia evitado até então.

Mesmo se eu estivesse bem, teríamos precisado permanecer mais um dia em Mangmang, pois lá eu deveria decidir quem iria comigo para a Índia e quem deveria ficar. Em princípio, as autoridades religiosas e políticas iriam comigo, e os militares ficariam. Os primeiros haviam decidido, antes de deixarmos Lhasa, que me seguiriam aonde quer que eu fosse, mas os últimos vieram apenas para me proteger e a maioria queria voltar para o Tibet e continuar a luta.

Na segunda manhã eu ainda estava fraco demais para montar um cavalo. No entanto, achamos que devíamos partir, a fim de aliviarmos a retaguarda de *khampas* e soldados de sua responsabilidade. Então meus seguidores me ajudaram a montar no lombo largo de um *dzo,* o resultado do cruzamento de iaque com vaca, que é um animal calmo, com uma marcha suave. Foi nesse primitivo meio de transporte tibetano que saí do meu país.

Não houve nada de dramático ao cruzarmos a fronteira. O campo era igualmente rude dos dois lados e desabitado. Eu o via através de um torpor feito da náusea, cansaço e infelicidade mais profundos do que sou capaz de expressar.

13

PRESENTE E FUTURO

Seria impossível permanecer em tal desalento depois da solidariedade que me foi manifestada logo que chegamos aos primeiros povoados e cidades na Índia. Ainda tínhamos pela frente uma semana de marcha e diversos outros desfiladeiros por atravessar antes de alcançarmos uma estrada ou uma ferrovia. Mas no caminho fiquei muito satisfeito ao encontrar um funcionário do governo que eu conhecera quando estive na Índia, depois o oficial de ligação e o intérprete que me acompanharam na visita anterior.

Recebi então um telegrama muito cordial do Sr. Nehru: "Meus colegas e eu lhe desejamos as boas-vindas e o saudamos nesta sua chegada a salvo na Índia. Será um prazer proporcionar as condições para que você, sua família e sua comitiva possam residir na Índia. O povo indiano, que lhe tem grande veneração, irá sem dúvida manifestar seu tradicional respeito à sua eminente pessoa. Cordiais saudações a você."

Quando chegamos à ferrovia em Tezpur, fiquei surpreendido e muito emocionado com os milhares de telegramas de solidariedade e os cerca de cem jornalistas e fotógrafos, representando a imprensa de todo o mundo, que haviam ido àquele lugar remoto para me encontrar e ouvir o que eles chamavam de "a história do ano". Fiquei comovido em saber que meu destino despertava tanto interesse, mas naquele momento não era possível falar com eles abertamente. Minha mente não estava preparada para aquilo e era uma época em que qualquer palavra que eu dissesse teria que ser cuidadosamente avaliada, pelo bem do meu povo que ainda se encontrava no Tibet. Portanto, preparei uma declaração em termos francos e cuidadosamente moderados, relatando em linhas gerais a última parte da história contada neste livro. A declaração falava da minha gratidão pelas inúmeras mensagens de boa vontade que recebera e pela hospitalidade do governo indiano e dizia ainda (foi escrito na terceira pessoa) que tudo o que o Dalai-Lama desejava naquele momento era "expressar seu sincero pesar pela tragédia que se abateu sobre o Tibet e esperar com fervor que essas desordens terminem logo, sem que mais sangue seja derramado".

Dois dias depois foi feita uma declaração em Pequim que começava assim: "A suposta declaração do Dalai-Lama... é um documento grosseiro, deficiente em sua argumentação, cheio de mentiras e subterfúgios." Depois de dar uma descrição dos acontecimentos através da ótica comunista chinesa e insistir que eu havia sido seqüestrado por rebeldes de Lhasa, afirmava que eu estava simplesmente "refletindo a vontade dos agressores imperialistas" e sugeria que o comunicado não havia sido escrito por mim. No curso desses dias, os chineses também esbravejaram contra "imperialistas e indianos expansionistas". É tão fácil ferir com palavras e parecer superficialmente plausível quando não se tem compromisso com a verdade. Algumas réplicas sutis foram feitas por um porta-voz do governo indiano, mas eu não ia me envolver em uma discussão na qual os chineses estavam sendo meramente ultrajantes. Quanto às suas inversões da verdade, o que fiz foi apenas encaminhar uma segunda declaração breve à imprensa, poucos dias depois, dizendo que eu era de fato responsável pela primeira, e a mantinha.

Surpreendi-me novamente ao perceber como os chineses culpavam pela revolta qualquer um que lhes viesse à cabeça – como um cachorro ferido a morder todos em volta. Em diferentes momentos eles tentaram colocar a culpa em imperialistas absolutamente imaginários, nos tibetanos radicados na Índia, no governo indiano e na "panelinha dominante" do Tibet, que era como chamavam agora o meu governo. Eles não se permitiam reconhecer a verdade: que a revolta partira espontaneamente do próprio povo a quem os chineses afirmavam estar libertando, enquanto que a classe dominante do Tibet, muito mais do que o povo, era favorável à busca de um acordo.

Logo depois que cheguei a Tezpur, o governo indiano mandou um trem especial para nos levar a Mussoorie, nas colinas do sopé dos Himalaias, ao norte de Nova Delhi, onde haviam providenciado uma moradia temporária para mim. Foi uma viagem de vários dias e uma experiência memorável, pois em todos os lugares em que o trem parava multidões enormes se reuniam para nos aclamar. Eu me lembrava da recepção calorosa do povo indiano em minha visita anterior, mas agora havia um novo fervor espontâneo. Aquilo alegrou meu coração e me fez pensar no provérbio tibetano: "A dor existe para se medir o prazer." Era evidente que eles não estavam ali apenas para me ver – queriam manifestar sua solidariedade ao Tibet.

De qualquer modo, eu estava muito contente de chegar a Mussoorie e poder finalmente descansar daquele mês de viagem e tensão mental, para repensar nossos problemas com tranqüilidade. Vivi um ano em Mussoorie, até que o governo indiano me ofereceu um bangalô, que eu poderia usar o tempo que fosse necessário, em um lugar chamado Dharmsala, no extremo noroeste da Índia, que é onde estou vivendo agora.

Logo depois de minha chegada a Mussoorie, recebi a visita do Sr. Nehru e senti muita satisfeitação em, mais uma vez, poder conversar longamente com ele. Em junho fiz outra declaração à imprensa. Até então, eu não havia dito nada desagradável em público sobre os comunistas chineses porque eu sabia que a China possuía muitas qualidades e não aceitava que ela se negasse a negociar sensatamente. Mas o constante fluxo de refugiados vindos do Tibet me deixava horrorizado com as histórias que traziam. Fui forçado a admitir que os chineses haviam decidido subjugar o Tibet usando uma pura brutalidade. Era preciso dizer algo muito mais duramente. Eu declarei que achava que o governo de Pequim talvez não soubesse exatamente o que seus representantes estavam fazendo – na verdade, eu não acreditava que Mao Tsé-tung aprovasse aquilo. Sugeri que, se os chineses concordassem que uma comissão internacional investigasse os fatos, eu e meu governo aceitaríamos de bom grado seu veredicto. Nós ainda desejávamos fazer um acordo razoável e sem dúvida sempre desejaremos. Mas os chineses nunca levaram em conta essa sugestão.

Nessa entrevista coletiva eu também repudiei formalmente o Acordo de Dezessete Cláusulas. Fiz isso por minha própria iniciativa, mas enquanto eu estava em Mussoorie tive a chance, pela primeira vez na vida, de encontrar especialistas em direito internacional, que me confirmaram a correção do meu repúdio.

Até então a justiça da nossa causa parecia absolutamente inquestionável para mim, mas agora eu achava que, se tudo o mais não desse resultado, poderíamos ter que pedir às Nações Unidas que considerassem o nosso caso. Eu estava determinado a não me apressar nessa decisão, mas problemas legais indiscutivelmente intricados estavam ganhando importância. Eu sabia que os chineses iriam alegar que o Tibet sempre fora parte da China, apesar dos nossos trinta e oito anos de total liberdade. Se eles fossem capazes de comprovar essa alegação, poderiam também argumentar que a invasão do Tibet fora um assunto doméstico no qual as Nações Unidas não poderiam interferir.

Mas, durante minha permanência em Mussoorie, a Comissão Internacional de Juristas examinou os tratados do início deste século, como já expliquei, e concluiu que éramos um Estado absolutamente soberano, independente de fato e de direito do controle chinês.

Depois dessa conclusão, a Comissão passou a analisar o Acordo de Dezessete Cláusulas. Aparentemente, quando assinamos aquele acordo, renunciamos à nossa soberania. Poderíamos argumentar que os nossos representantes assinaram o acordo sob a ameaça de violência pessoal e ações militares adicionais contra o Tibet. Mas poderia ser contra-argumentado que o fato de ser forçado a assinar um tratado sob coação nem sempre o torna anulável – tratados assinados no fim de guerras, por exemplo, são assinados sob coação pelos perdedores.

Mas, se um tratado é violado por uma das partes, ele pode ser legalmente repudiado pela outra parte, perdendo então a validade legal. Não há dúvida de que os chineses violaram o

Acordo de Dezessete Cláusulas e nós desejávamos prová-lo. Agora eu havia repudiado o Acordo, não estávamos mais sujeitos a ele, e nossa reivindicação de soberania era a mesma de antes de sua assinatura.

Havia outra óbvia dificuldade em levar o nosso caso às Nações Unidas – nenhuma das partes disputantes era membro da Organização. No caso do Tibet, não o éramos porque sempre valorizáramos nosso isolamento, e os chineses, porque a China era representada pelo regime de Chiang Kai-shek em Formosa. Não obstante, passei a tentar chamar a atenção das nações-membros para o nosso caso.

A Comissão Internacional de Juristas não estava agindo por mim ou pelo Tibet – ela não age no interesse de governos ou nações. Trata-se de uma associação independente formada por juízes, advogados e professores de direito, apoiada por trinta mil advogados de cinqüenta países, e sua função é promover a legalidade e mobilizar a opinião jurídica mundial sempre que pareça haver alguma violação sistemática dos preceitos da lei. Para minha grata surpresa, a Comissão deu início a um enérgico e objetivo estudo dos acontecimentos no Tibet simplesmente por considerar ser esse seu dever.

Em sua investigação, a Comissão examinou cada declaração chinesa e tibetana e incumbiu sua bem treinada equipe de interrogar os refugiados tibetanos. Ao fazer isso, trouxe à luz outros horrores além daqueles que eu já conhecia. Não creio que a maioria das pessoas queira ler sobre extremos de crueldade e não pretendo descrevê-los, mas por justiça ao meu próprio povo devo recapitular os atos de opressão que aquela investigação imparcial revelou. Dezenas de milhares de tibetanos foram mortos não apenas em ações militares, mas individual e deliberadamente. Eles foram mortos sem julgamento, sob suspeita de oposição ao comunismo, de estarem escondendo dinheiro, por sua simples posição, ou por absolutamente nenhum motivo. Mas, principal e fundamentalmente, foram mortos porque não renunciaram à sua religião. Não foram apenas mortos a tiros, mas também espancados até a morte, crucificados, queimados vivos, afogados, submetidos a vivissecção, mortos por inanição, estrangulados, enforcados, escaldados, enterrados vivos, estripados e decapitados. Esses assassinatos foram cometidos em público. Os vizinhos e amigos das vítimas eram obrigados a assistir, e testemunhas oculares descreveram esses atos à Comissão. Homens e mulheres foram mortos lentamente, enquanto suas próprias famílias eram coagidas a testemunhar, e crianças pequenas foram forçadas a atirar em seus pais.

Os lamas sofreram particularmente uma intensa perseguição. Os chineses diziam que eles eram improdutivos e viviam às custas do dinheiro do povo. Os chineses buscaram humilhá-los, especialmente os mais velhos e respeitados, antes de torturá-los, atrelando-os a arados, montando sobre eles como se fossem cavalos, chicoteando-os, espancando-os e usando outros métodos cruéis demais para serem mencionados. E, enquanto os matavam lentamente, escarneciam de sua religião, desafiando-os a fazer milagres para se salvarem da dor e da morte.

Além desses assassinatos em público, tibetanos em grande número foram presos e levados para lugares ignorados, muitíssimos morreram em conseqüência das brutalidades e privações do trabalho forçado, e ainda muitos, desesperados e atormentados, cometeram suicídio. Quando os homens foram impelidos a se internarem nas montanhas como guerrilheiros, as mulheres e crianças que ficaram nos povoados foram mortas a tiros de metralhadora.

Muitos milhares de crianças, desde bebês ainda mamando a adolescentes de quinze anos, foram tirados de seus pais para nunca mais serem vistos. Ao protestarem, seus pais eram presos ou baleados. Os chineses declaravam que os pais poderiam trabalhar melhor sem seus filhos, ou que as crianças seriam mandadas à China para receberem uma educação adequada.

Muitos tibetanos, homens e mulheres, acreditam que os chineses os tenham esterilizado. Eles descreveram espontaneamente uma operação dolorosa aos investigadores da Comissão Internacional. A Comissão não aceitou seu testemunho como conclusivo, pois a operação não correspondia a nenhum método de esterilização conhecido pela medicina indiana. Mas, por outro lado, não havia outra explicação para aquilo e, desde que o relatório da Comissão foi completado, surgiram novas evidências que me convenceram de que os chineses de fato esterilizaram todos os homens e mulheres de alguns povoados.

Afora esses crimes contra o povo, os chineses arruinaram centenas dos nossos mosteiros, tanto destruindo-os fisicamente como assassinando os lamas e enviando os monges para campos de trabalhos forçados, obrigando-os, sob suplício mortal, a quebrarem seus votos de celibato. Usavam os edifícios vazios de mosteiros e templos como casernas e estábulos do exército.

Com base em todas as provas que reuniu, a Comissão Internacional considerou os chineses culpados do "crime mais grave do qual qualquer pessoa ou nação pode ser acusada" –

ou seja, de genocídio, "o intuito de destruir, total ou parcialmente, um grupo nacional, étnico, racial ou religioso". Eles se convenceram de que os chineses pretendem destruir os budistas do Tibet.

Retrospectivamente, acredito que se possa perceber quais as causas que levaram os chineses a cometer esse crime.

No início havia três motivos para eles cobiçarem o Tibet. Primeiro, embora o nosso território fosse grande, havia somente sete ou oito milhões de tibetanos, e mais de seiscentos milhões de chineses, e sua população crescia aos milhões a cada ano. Eram freqüentemente confrontados com a fome, e queriam o Tibet como um espaço adicional. Na verdade, eles já assentaram multidões de camponeses chineses no Tibet e não tenho dúvida de que esperam com impaciência o tempo em que os tibetanos serão uma insignificante minoria. Enquanto isso, os camponeses tibetanos estão reduzidos a condições bem piores do que as dos camponeses da raça conquistadora. Nunca houve fome no Tibet em toda a sua história documentada, mas há fome agora.

Em segundo lugar, nosso país é certamente rico em minerais. Nós nunca os exploramos, porque nosso desejo por riquezas mundanas não nos impulsionaram a isso. Os chineses reivindicam o grande desenvolvimento do Tibet e acho provável que sua reivindicação seja legítima, mas esse desenvolvimento não é em benefício do Tibet, mas unicamente para o enriquecimento da China.

Terceiro, os chineses pretendem dominar a Ásia, se não o mundo, como muitos deles o dizem abertamente, e a conquista do Tibet é o primeiro passo nesse processo. Estou muito longe de ser um especialista em assuntos militares, mas o bom senso sugere que nenhum outro país da Ásia tem a importância estratégica do Tibet. Com armamentos modernos, suas montanhas podem se transformar numa cidadela quase inexpugnável para o lançamento de ataques à Índia, Birmânia, Paquistão e aos Estados do sudeste asiático, de modo a dominar esses países, destruir suas religiões, como a nossa está sendo destruída, e disseminar ainda mais a doutrina do ateísmo. Consta que os chineses já construíram no Tibet dezoito aeroportos e uma completa rede de estradas militares. Como eles sabem muito bem que a Índia não tem intenção de atacá-los, o único uso possível desses preparativos militares é uma base para a futura expansão.

Acredito agora que os chineses tinham em mente, com maior ou menor clareza, todos esses objetivos quando invadiram o Tibet há dez anos. Nessa época, eles pensaram que poderiam conquistar o país por meio de um simulacro de legalidade e uma ameaça de uso da força. Mas os três objetivos, o último em especial, tornaram imperativo que eles concluíssem sua conquista mesmo depois que descobriram o quanto isso iria lhes custar em termos materiais, em vidas e em culpa.

Diante da destruição do meu povo e de sua razão de viver, eu me dedico no exílio às únicas formas de ação que me restam: lembrar ao mundo, através das Nações Unidas e agora através deste livro, o que aconteceu e continua acontecendo no Tibet, cuidar dos tibetanos que comigo escaparam para a liberdade e fazer planos para o futuro.

Depois que deixei meu país, cerca de sessenta mil tibetanos me seguiram para o exílio, apesar da dificuldade de enfrentar a travessia dos Himalaias e evitar os guardas chineses. Eles não são oriundos de nenhuma classe social exclusiva: são realmente representativos da nossa gente. Entre eles há lamas de reputação superior em nosso país, estudiosos eruditos, cerca de cinco mil monges, alguns funcionários do governo, comerciantes, soldados e uma grande maioria de camponeses, nômades e artesãos humildes. Inúmeros fugiram por caminhos muito mais difíceis e perigosos que os que percorri. Alguns conseguiram trazer suas famílias, e algumas crianças morreram em conseqüência das adversidades na travessia das montanhas. Entre eles, uma grande quantidade de homens separaram-se de suas famílias durante a luta e carregam a dor adicional de saber que suas mulheres e filhos estão nas mãos dos chineses.

Esses refugiados estão agora espalhados por comunidades na Índia, no Butão, no Sikkim e no Nepal. Alguns eminentes cidadãos da Índia, com as mais diversas nuanças de opinião, criaram um Comitê Central de Apoio aos Refugiados Tibetanos e têm trabalhado em cooperação com o governo da Índia para ajudar nosso povo. Organizações voluntárias de apoio em muitos outros países têm colaborado com dinheiro, alimentos, roupas e remédios. Os governos da Inglaterra, Estados Unidos, Austrália e Nova Zelândia enviaram doações para ajudar-nos a educar nossas crianças, e o governo do Vietnã do Sul fez-nos doações de arroz. Somos realmente muito gratos por toda essa bondade que tem sido inestimável para nos ajudar a recomeçar a vida. Mas é claro que não queremos viver de caridade. Desejamos andar com nossas próprias pernas o mais breve possível.

Com esse objetivo, o governo da Índia tem ajudado a encontrar trabalho para a maioria de nossos homens fisicamente capazes. Muitos deles, inclusive um grande número de monges, trabalham atualmente na construção de estradas. Mas nas planícies quentes da Índia este é um trabalho muito insalubre para o povo montanhês e estamos nos esforçando, com a ajuda do governo, para reabilitar todos os tibetanos em distritos onde o clima não seja tão diferente do nosso. Neste sentido, conseguimos criar escolas para artesãos em Darjeeling e Dalhousie, ambas no sopé dos Himalaias, onde cerca de seiscentas pessoas estão aprendendo profissões úteis. Aproximadamente quatro mil já se encontram instaladas em comunidades rurais em Mysore e Assam – e outros locais adequados vêm sendo providenciados. O restante das pessoas mais idosas está aos poucos encontrando trabalho em fazendas, na derrubada de florestas e na indústria de laticínios, e procuramos introduzir o maior número possível de jovens, entre dezesseis e vinte e cinco anos, em conhecimentos mecânicos, coisa que ignorávamos completamente nos velhos tempos.

Venho me preocupando especialmente com as crianças – são mais de cinco mil abaixo dos dezesseis anos. Ter as raízes arrancadas e depois transplantadas para um ambiente totalmente diferente é ainda mais difícil para as crianças do que para os adultos, e muitas delas morreram nos primeiros tempos devido às mudanças de alimentação e clima. Tínhamos que tomar uma atitude drástica para preservar sua saúde – e a educação era também uma questão de grande importância. Sabemos que nossas crianças no Tibet estão sendo seqüestradas dos seus pais e criadas como comunistas chineses, e não como budistas tibetanos. Já contei como as crianças tibetanas se recusaram a aceitar a doutrina chinesa, mas é inútil pensar que crianças seqüestradas ainda muito pequenas não crescerão como comunistas – se é que o comunismo chinês vai durar tanto. Portanto, na próxima geração, as crianças que estão na Índia poderão ser pessoas de grande importância, um núcleo da vida religiosa pacífica que desejamos recuperar.

Até agora, nas colinas do sopé dos Himalaias, criamos internatos para cerca de mil crianças e estamos planejando escolas suficientes para todas. Todos os pais refugiados desejam ansiosamente mandar seus filhos para essas escolas, onde poderão crescer saudáveis, como verdadeiros tibetanos. Lá aprendem tibetano, conhecimento religioso e história do Tibet como matérias principais, além de inglês, hindi, matemática, geografia, história mundial e ciências.

As crianças muito pequenas, abaixo da idade escolar, constituíram um outro problema. Foram elas as que mais sofreram com o clima da Índia e com a exposição a infecções que quase não existem no Tibet. Seus pais sabiam muito bem que não poderiam cuidar delas adequadamente. Então eu lhes ofereci toda a minha proteção pessoal. Decidi criar uma escola maternal e entregá-la aos cuidados de minha irmã mais velha, e para isso o governo da Índia nos emprestou dois bangalôs vazios próximos da minha casa atual em Dharmsala. O resultado foi impressionante. Quase que instantaneamente, oitocentas criancinhas foram entregues aos nossos cuidados. Minha irmã e seus ajudantes voluntários tiveram que improvisar as condições mais elementares para a vida dessa enorme família. Nós ainda não temos meios de proporcionar muito conforto a esses pequenos, mas podemos garantir que são amados e mantidos saudáveis e felizes – se é que filhos de refugiados podem jamais ser felizes. O governo da Índia nos dá mantimentos para as crianças, e outras pessoas e organizações voluntárias de apoio estão ajudando de muitas maneiras. Gradativamente, mandamos as mais velhas para as nossas outras escolas, e agora, em Dharmsala, temos trezentas crianças – todas abaixo dos sete anos.

É para esse tipo de obra, e para manter um pequeno núcleo de governo, que o ouro em pó e as barras de prata que depositei no Sikkim em 1950 têm sido tão úteis. Eu os vendi para ter recursos que nem de longe foram suficientes para todo o trabalho que eu e meu governo queremos e precisamos fazer por nossos refugiados e pelo futuro do Tibet.

Para mim e para todos os refugiados, nossa prática religiosa continua tão importante quanto a luta para construir o lado material do nosso caminho em um mundo com o qual não temos familiaridade. Praticamos nossas cerimônias exatamente como o fazíamos no Tibet, exceto, é claro, pelo fato de não podermos dar a elas sua antiga cor e seu esplendor. Mas talvez elas fossem ornamentadas demais nos velhos tempos e não seja assim tão mau praticá-las com mais austeridade. Eu continuo meus próprios estudos religiosos, além de aprender inglês e ler sobre o maior número de temas que puder, de modo a estar a par do mundo moderno. Tenho retomado as peregrinações aos locais sagrados da Índia, interrompidas pela política em minha visita anterior. Pude também ir a alguns dos locais sagrados dos cristãos, hindus e jainistas, e, ao debater com praticantes dessas religiões, constatar, feliz, o quanto todos temos em comum. Nas minhas peregrinações a Budh Gaya e Benares, ordenei cento e sessenta monges tibetanos como *bhikshus,* ou membros plenos da ordem monástica. Essa foi a primeira vez que conduzi a cerimônia de ordenação e refleti sobre a sorte que eu tinha em poder realizá-la exatamente nos mesmos lugares em que o Senhor Buda ensinou, nesta época em que sua palavra está sendo censurada no Tibet.

Desse modo, com a ajuda de muitos amigos, a vida está se tornando tolerável para aqueles que fugiram comigo. Mas, é claro, a vasta maioria dos tibetanos não pôde fugir a tempo e agora não tem como fazê-lo. Do outro lado dos Himalaias, o Tibet é como uma gigantesca penitenciária. A única coisa que posso fazer por eles é cuidar para que não sejam esquecidos. O Tibet é muito remoto, e outros países têm seus próprios temores e problemas. Podemos entender que haja uma tendência de se deixar que os acontecimentos no Tibet refluam para um certo esquecimento. O Tibet, no entanto, é situado nesta mesma Terra, os tibetanos são seres humanos a seu modo muito civilizados e certamente sensíveis ao sofrimento. Ousaria até dizer que nenhum outro povo sofreu tanto desde a Segunda Guerra Mundial. Seus sofrimentos não terminaram, continuam todos os dias e continuarão até que os chineses deixem o nosso país, ou até que os tibetanos deixem de existir como raça ou comunidade religiosa. Por isso tenho sido persistente em fazer o mundo recordar nossa sorte, apresentando o caso do Tibet perante as Nações Unidas.

Eu mesmo não saberia como começar essa tarefa, nem meus conselheiros tibetanos. De início até o governo da Índia tentou me convencer a não fazê-lo. Mas eu fui a Nova Delhi e discuti o problema com o governo e com embaixadores de diversos países. Dois membros das Nações Unidas, Irlanda e Malásia, patrocinaram nosso apelo e ele foi discutido no Comitê Coordenador antes da décima quarta sessão da Assembléia-Geral em 1959. Foi feita uma votação para decidir se a Assembléia-Geral deveria considerar o Tibet – onze votaram a favor e cinco contra, com quatro abstenções. A delegação soviética, então, levantou objeções quanto ao procedimento da reunião, e a Tchecoslováquia exigiu uma nova votação. Dessa vez, doze votaram a favor e nenhum contra, havendo seis abstenções.

Portanto, a questão foi levantada na Assembléia-Geral e finalmente esta resolução foi adotada:

> A ASSEMBLÉIA-GERAL,
>
> ATENDENDO aos princípios referentes aos direitos e liberdades humanos fundamentais especificados na Carta das Nações Unidas e na Declaração Universal dos Direitos Humanos adotados pela Assembléia-Geral em 10 de dezembro de 1948,
>
> CONSIDERANDO que os direitos e liberdades humanos fundamentais aos quais o povo tibetano, como todos os outros, faz jus, incluem o direito à liberdade civil e religiosa a todos sem distinção,
>
> CIENTE também da distinta herança cultural e religiosa do povo do Tibet e da autonomia que tradicionalmente desfrutou,
>
> GRAVEMENTE PREOCUPADA diante de relatórios, incluindo as declarações oficiais de Sua Santidade, o Dalai-Lama, declarando que os direitos e liberdades humanos fundamentais do povo do Tibet lhes foram negados à força,
>
> LAMENTANDO o efeito desses acontecimentos no aumento da tensão internacional e no estímulo à animosidade nas relações entre os povos em uma época

em que esforços sinceros e positivos estão sendo feitos por líderes responsáveis para reduzir a tensão e melhorar as relações internacionais,

1. Ratifica sua crença de que o respeito pelos princípios da Carta das Nações Unidas e da Declaração Universal dos Direitos Humanos é essencial à evolução de uma ordem mundial pacífica baseada nos preceitos da lei;

2. Exige respeito pelos direitos humanos fundamentais do povo tibetano e por sua distinta vida cultural e religiosa.

834ª reunião plenária
21 de outubro de 1959

Quarenta e cinco países votaram a favor dessa resolução, nove votaram contra e vinte e seis se abstiveram.

Eu tive esperanças de que os chineses levassem em consideração a opinião internacional, mas essa resolução não produziu qualquer efeito perceptível neles. De qualquer forma, é sempre bom protestar contra a injustiça, mesmo que o protesto não consiga acabar com ela. Nós nos sentimos encorajados porque a grande maioria dos representantes das nações apoiou nosso apelo. Só lamentamos que o nosso caso tenha sido considerado como parte da guerra fria. Isso é inevitável nas atuais circunstâncias mundiais, mas na verdade não é assim que deveria ser. A invasão do Tibet não foi fundamentalmente uma ação comunista. Outros governos chineses do passado nos invadiram ou tentaram nos invadir, e o governo do Kuomintang fez uma tentativa frustrada na década de 1930. O fato de a China ter se tornado comunista fez apenas com que a invasão fosse mais eficiente, cruel e repulsiva. Mas nas Nações Unidas isso fez com que outros países comunistas se sentissem obrigados a votar a favor dos chineses, embora eu não possa crer que todos aprovassem a ação da China.

O apoio a essa resolução me trouxe grande satisfação, mas eu sentia que era um sentimento temporário. Quando a resolução foi aprovada, o segundo relatório da Comissão Internacional de Juristas não fora divulgado e os membros da Assembléia-Geral não haviam sido informados sobre a total extensão das atrocidades cometidas pelos chineses, ou da conclusão a que a Comissão chegara de que um genocídio estava em curso no Tibet. Portanto, em 1960, com a muito valiosa ajuda do Conselho Afro-Asiático, o assunto foi posto outra vez na agenda da Assembléia-Geral, agora patrocinado pela Tailândia e pela Malásia, tendo a Irlanda como co-patrocinadora. San Salvador também pretendia atuar como co-patrocinador. Mas naquela sessão acontecimentos na África tiveram prioridade, fazendo com que a questão do Tibet fosse seguidamente adiada e a Assembléia suspensa antes de encontrar tempo para o nosso debate.

Continuarei a tentar manter nosso caso de pé nas Nações Unidas, pois creio que elas sejam a única fonte de esperança para pequenas nações oprimidas e mesmo para o mundo. Não devemos jamais deixar que se espalhe pelo mundo a crença de que o Tibet acabará por aceitar a dominação comunista chinesa, pois eu sei que isso jamais acontecerá.

Certamente o Tibet nunca mais será o mesmo e nem queremos que seja. Nunca mais poderá ficar isolado do mundo nem poderá voltar ao seu antigo sistema semifeudal. Já falei sobre as reformas que comecei a fazer antes que os chineses me detivessem. Agora, no exílio, tenho levado essas reformas à sua conclusão lógica, com a ajuda de especialistas em direito constitucional, delineando uma nova constituição liberal e democrática para o Tibet, baseada nos princípios da doutrina do Senhor Buda e da Declaração Universal dos Direitos Humanos. Este trabalho ainda não está concluído. Quando estiver, vou submetê-lo a um comitê internacional de especialistas, depois ao meu povo no exílio e ao maior número possível de tibetanos no Tibet. Espero que meu povo eleja então uma assembléia representativa que formule uma constituição provisória para o país livre que todos ansiamos ver.

Minha proposta será para um parlamento de uma única câmara. A câmara dará total representação ao povo, como também uma representação adequada a interesses especiais. Novas leis deverão requerer a aprovação pela maioria da câmara, e as emendas constitucionais, por uma maioria de três quartos. As eleições serão feitas com base no sufrágio adulto universal, incluindo os monges. Embora nosso povo não se interessasse por política no passado, ele certamente teve que formar suas próprias opiniões nos últimos dez anos.

Desde tempos imemoriais o Tibet tem sido um Estado unitário e haverá grande necessidade de uma força centralizadora na nova situação que o povo e o governo do Tibet terão que enfrentar. Sou contra o estabelecimento de qualquer instituição que possa, direta ou indiretamente, promover conflitos entre a nossa gente, ou que tenda a favorecer interesses regionais ou locais à custa do interesse nacional, pois nosso objetivo principal deverá ser sempre o de nos mantermos um povo unificado.

Advertiram-me que seria melhor não criar um poder executivo parlamentarista, e sim adotar um sistema presidencial no qual o Gabinete seria indicado, sujeito a salvaguardas, pelo Dalai-Lama, como chefe de Estado. Devo, portanto, propor que o Dalai-Lama indique seus ministros, e estes teriam a liberdade de se dirigir ao Parlamento mas não de votar. O Parlamento teria a prerrogativa de pedir a exoneração de um ministro e, se o Dalai-Lama discordasse dele sobre essa questão, a decisão da Suprema Corte se sobreporia a ambas.

A Suprema Corte deverá ser indicada com salvaguardas semelhantes às aplicadas ao Gabinete. O próprio Dalai-Lama deverá ficar sujeito à perda de seus poderes, no mais alto interesse do Estado, por processos legislativos e judiciais a serem estabelecidos na Constituição.

Durante a menoridade do Dalai-Lama, ou quando ele deixar de exercer seu poder em decorrência de morte, incapacidade ou destituição, seu posto deverá ser assumido por um conselho regente de três ou cinco membros indicados por uma maioria de dois terços do Parlamento.

Essa constituição e os problemas a ela associados têm sido elaborados detalhadamente, mas estão longe de uma conclusão, e mesmo o esboço que fiz poderá sofrer transformações. Ainda resta muito trabalho a ser feito e é preciso que o povo do Tibet dê sua aprovação ou expresse suas próprias opiniões. Mas estou convencido de que, sempre, o governo deve ser exercido pela vontade do povo e com a sua cooperação. Estou pronto a tentar realizar quaisquer tarefas que meu povo me peça, mas não tenho nenhum tipo de anseio por poder pessoal ou riqueza. Estou certo de que, imbuídos desse espírito e sob a guia de nossa religião, resolveremos juntos quaisquer problemas que se apresentem e construiremos um novo Tibet, tão feliz no mundo moderno quanto o velho Tibet o foi em seu isolamento.

Tudo isso é para o futuro. Olhando para o passado, não tenho nenhum remorso de ter persistido na política da não-violência até o fim. Do ponto de vista de fundamental importância da nossa religião, era a única política possível, e ainda acredito que, se meu povo tivesse podido segui-la comigo, as condições do Tibet seriam agora, de alguma forma, melhores do que são. Pode-se fazer uma comparação da nossa situação com a de um homem inocente preso pela polícia. Seu instinto pode ser o de lutar, mas não conseguirá escapar, pois está diante de uma força esmagadora. Então, o mais sensato e melhor para ele é seguir silencioso e colocar sua fé no poder supremo da justiça. Mas no Tibet isso não foi possível. Meu povo, simplesmente, não podia aceitar os chineses ou suas doutrinas e seu desejo de lutar não podia ser contido.

Apesar dos crimes atrozes que os chineses cometeram em nosso país, não tenho absolutamente ódio em meu coração pelo povo chinês. Acredito que entre as maldições e os perigos de nossa época esteja o de culpar as nações pelos crimes dos indivíduos. Conheci muitos chineses admiráveis. Acredito que não haja no mundo alguém mais fascinante e civilizado do que o melhor dos chineses, e ninguém mais cruel e maligno do que o pior deles. As atrocidades no Tibet foram cometidas pelos chineses da pior espécie, soldados e oficiais comunistas corrompidos por seu próprio poder sobre a vida e a morte. A maioria dos chineses ficaria tremendamente envergonhada se soubesse dessas crueldades, mas é claro que as ignoram. Não devemos procurar nos vingar daqueles que cometeram crimes contra nós, ou responder aos seus crimes com outros crimes. Devemos considerar tudo isso pela Lei do Carma: eles correm perigo de que suas próximas vidas sejam inferiores e miseráveis, e por outro lado temos o dever, como com todos os seres, de ajudá-los em sua elevação ao Nirvana, em vez de deixá-los afundar a níveis mais baixos em seu renascimento. O comunismo chinês já dura doze anos, mas nossa fé perdura por dois mil e quinhentos anos, com a promessa do Senhor Buda de que durará outros tantos, até ser renovada pela vinda de outro Buda.

Nessa época de poder militar avassalador, todos, homens e mulheres, só podem viver se tiverem esperança. Se forem abençoados com famílias e lares tranqüilos, sua esperança será de ver seus filhos crescerem felizes. Se tiverem perdido seus lares, como nós, sua necessidade de esperança e fé será ainda maior. A esperança de todos os homens, em última análise, é simplesmente ter paz de espírito. Minha esperança se baseia na coragem dos tibetanos e no amor por paz e justiça que ainda existe no coração da raça humana. Minha fé está na compaixão do Senhor Buda.

Apêndice
Síntese do Budismo no Tibet

A Necessidade da Religião em Nossas Vidas Atuais

Uma das razões pelas quais se busca a religião é a constatação de que o puro progresso material não proporciona prazer ou satisfação duradouros. Parece, na verdade, que quanto mais progredimos materialmente, mais somos obrigados a conviver com um medo constante. A tecnologia científica tem produzido avanços maravilhosos e sem dúvida vai continuar a progredir. O homem pode chegar à Lua e tentar explorar seus recursos em benefício dos seres humanos – a Lua que alguns crentes do passado acreditavam ser a casa do seu deus – e os planetas também poderão ser conquistados. Mas talvez esse progresso acabe revelando inimigos potenciais de fora do nosso mundo. De qualquer modo, isso não trará nenhum prazer supremo e permanente aos seres humanos, pois o progresso material é inesgotável e sempre estimula o desejo por mais progresso, de modo que o prazer provocado é momentâneo e efêmero. No entanto, nós todos temos a experiência de que quando a mente desfruta intenso prazer e satisfação as privações meramente materiais ficam mais fáceis de tolerar. O prazer que provém da mente tende a ser real e duradouro.

Nenhum prazer pode ser comparado ao obtido pela prática espiritual. Este é o maior de todos, é supremo por natureza. Diferentes religiões têm mostrado seu próprio caminho para chegar a ele.

Uma segunda razão para a busca da religião é que dependemos dela até mesmo para usufruirmos alguma parcela de prazer material. Prazer e dor, de um modo geral, são oriundos tanto de fatores externos quanto de internos. Quando não há resposta interna, nenhuma quantidade de estímulo externo pode causar prazer ou dor. Esses fatores internos são conseqüência das impressões deixadas em nossas mentes por ações passadas. Quando eles entram em contato com os fatores externos, experimentamos prazer ou dor novamente. Uma mente indisciplinada expressa pensamentos negativos através de ações correspondentes, e essas ações imprimem na mente efeitos malignos. Então, quando ocorre a estimulação externa, a mente sofre as conseqüências de suas ações passadas. Assim, as desgraças que sofremos têm sua causa remota no passado. Todos os prazeres e dores têm suas origens na mente e por isso também as religiões são necessárias, porque sem elas não pode haver controle da mente.

A Necessidade da Religião para Nossas Vidas Futuras

Como sabemos que há vida após a morte? Segundo o budismo, embora a natureza da causa e do efeito possam ser diferentes, causa e efeito devem ter as mesmas propriedades essenciais. Se não houver uma conexão definida, a mesma causa não resultará no mesmo efeito. Por exemplo, o corpo humano pode ser percebido – tem forma e cor – e portanto sua fonte, ou sua causa imediata, deve ter essas mesmas qualidades. Mas a mente é sem forma e, portanto, sua fonte ou causa imediata deve ser também sem forma. Para compreendermos melhor, é só pensar que as sementes das plantas medicinais produzem medicamentos, por causa de suas propriedades, e as sementes de plantas venenosas produzem veneno.

A maior parte dos seres tem corpos físicos (embora em algumas regiões da existência os seres tenham apenas mentes). Tanto a mente quanto o corpo devem ter fontes imediatas. Tanto a mente quanto o corpo iniciam esta vida quando ocorre a concepção. A fonte imediata de um corpo é o corpo de seus pais. Mas matéria física não é capaz de produzir mente, ou vice-versa. A fonte imediata de uma mente deve, portanto, ser uma mente que existiu antes que a concepção ocorresse. A mente de cada pessoa é continuidade de uma mente anterior. Afirmamos isso para provar a existência de uma vida passada. Há inúmeros depoimentos de adultos e crianças que se recordam de suas vidas passadas – um fenômeno encontrado não apenas em registros históricos, mas observado também hoje através de pesquisas. Baseado nisso, podemos concluir que a vida passada existiu e, portanto, que a vida futura irá existir também. Se a crença na vida após a morte é aceita, a prática religiosa se torna uma necessidade, que nada pode suplantar, para a preparação da vida futura.

Uma das Muitas Religiões do Mundo: o Budismo e Seu Fundador

Assim como, neste mundo, uma determinada doença é tratada por diferentes técnicas médicas, há muitas religiões para trazer felicidade aos seres humanos e aos outros seres do planeta. Diferentes doutrinas foram introduzidas por diferentes expoentes em diferentes períodos e de modos diferentes. Mas acredito que todas visem fundamentalmente ao mesmo nobre objetivo, ao ensinarem preceitos morais para orientar as funções da mente, do corpo e da fala. Todas nos ensinam a não mentir, a não prestar falso testemunho, a não roubar, não tirar a vida de outros, e assim por diante. Por essa razão, seria melhor se houvesse união entre os seguidores das diversas religiões. A unidade entre as religiões não é uma idéia impossível. É possível, e nas atuais condições mundiais é especialmente importante. O respeito mútuo traria benefícios para todos os crentes, e a união entre eles teria conseqüências extremamente positivas também para os descrentes, pois a torrente de luz lhes mostraria o caminho para sair de sua ignorância. Eu dou uma ênfase especial à necessidade urgente de união entre todas as religiões. Para que isso seja possível, os seguidores de cada religião devem conhecer um pouco das outras religiões, e é por isso que quero tentar explicar brevemente o que é o budismo do Tibet.

Devo começar, no entanto, dizendo que é muito difícil encontrar palavras exatas para traduzir os termos filosóficos do budismo que usamos em tibetano. Livros escritos ou traduzidos no passado certamente prestaram um grande serviço ao budismo, mas alguns deles são traduções algo toscas, apresentando significados apenas superficiais. Espero que no futuro esse problema seja gradativamente resolvido, para que os aspectos mais profundos da nossa religião possam ser compreendidos.

Já expliquei, ao longo dessa minha história, que nós budistas acreditamos que todos os seres renascem, e se esforçam, através de diversas vidas, para alcançar a perfeição da Condição Búdica. Não há como termos certeza de que essa perfeição seja atingida no período de uma única vida, embora isso seja possível.

Entre a mente e o corpo de um homem, consideramos a mente superior: tanto a fala quanto o corpo estão sujeitos a ela. Os pecados não afetam a natureza intrínseca da mente. A mente essencial é naturalmente pura. Pecados são imperfeições de mentes periféricas ou secundárias. Na busca da iluminação, essas imperfeições são removidas uma a uma das mentes periféricas e, quando nelas não persistem mais defeitos, a verdadeira perfeição, ou Condição Búdica, é alcançada.

Acreditamos que, durante o presente Kalpa, mil encarnações de Budas supremos virão a este mundo. Esses Budas foram seres vivos como nós, antes de alcançarem a perfeição. Eles têm o poder de projetar reencarnações de sua mente, do seu corpo e da sua fala sobre milhões de formas em um dado momento no tempo, para beneficiar todos os seres vivos em milhões de mundos como o nosso. Cada uma dessas encarnações supremas pregará sua própria doutrina e trabalhará eternamente para a salvação de todos os seres vivos.

Nós consideramos o Senhor Buda, ou Buda Gautama, como também é chamado, um desses mil Budas. Ele nasceu em uma família real na Índia há mais de dois mil e quinhentos anos. No início de sua vida, ele viveu como um príncipe. Mas, ao tomar consciência dos sofrimentos em torno de si, despertou para a precariedade da existência humana e renunciou ao seu reino, voltando-se para uma vida ascética. Do ponto de vista limitado dos seres comuns, sua vida foi marcada por doze eventos principais: sua descida do céu chamado Tushita, sua concepção, nascimento, educação, casamento, renúncia, penitência, meditação sob a árvore Bodhi (a árvore da sabedoria), vitória sobre Mara (o tentador), conquista da Condição Búdica, pregação e partida do Samsara (o círculo da existência).

Seus ensinamentos diferem dos de outros Budas, pois a maioria só pregou através de Sutras (tratados doutrinários), enquanto ele pregou também através de Tantras (instruções em método espiritual).

Após atingir a Iluminação, a Perfeição da Condição Búdica, em Budh Gaya, ele fez três sermões, cada um em um lugar diferente da região da Índia chamada Bihar. O primeiro, em Varanasi (a Benares moderna), foi sobre as Quatro Nobres Verdades, de que falarei depois. Foi dirigido principalmente aos *sravakas,* que significa "ouvintes", pessoas espiritualmente dotadas mas com perspectivas limitadas. O segundo sermão, em Girdhakuta, foi sobre Shunyata (Vacuidade), a inexistência de uma natureza última independente, sobre a qual também voltarei a falar. Este foi dirigido aos mahayanistas, ou seguidores do Grande Caminho, que eram homens de intelecto superior. O terceiro sermão, em Vesali, foi dirigido especialmente aos mahayanistas de intelecto um pouco menos aguçado.

Assim, ele não apenas pregou em Sutras para mahayanistas

e hinayanistas (seguidores dos Caminhos Grande e Menor, as duas principais escolas do budismo), mas também, após atingir a condição de Vajra Dhara, ou seja, na sua iniciação aos métodos mais profundos, ele pregou muitos Tantras para mahayanistas. As grandes escrituras traduzidas no Tibet sob o título de Kangyur são todos os ensinamentos do Senhor Buda.

O Kangyur é dividido em Sutra e Tantra. O Sutra, por sua vez, é subdividido em três grupos: Vinaya, que se ocupa dos ensinamentos sobre códigos morais; Sutantra, sobre meditação, e Abhi-dharma, sobre o trabalho filosófico que diz respeito à sabedoria transcendental. Essas três subdivisões são chamadas Tripitakas e seus princípios fundamentais são conhecidos em sânscrito como Shila, Samadhi e Prajnya. A parte tântrica de Kangyur tem quatro subdivisões. No Tibet, essas subdivisões do Tantra são às vezes incluídas na divisão Sutantra do Sutra ou Tripitaka.

A Disseminação do Budismo no Tibet

Antes que o budismo fosse trazido da Índia para o Tibet, a religião *bön* era muito difundida em nosso país. Ela teve sua origem no país vizinho chamado Shang-Shung e até recentemente ainda havia centros no Tibet onde os seguidores do *bön* aplicavam-se em estudos profundos e meditação. Em seus primórdios, creio que não fosse uma religião proveitosa, mas, quando o budismo começou a florescer no Tibet, o *bön* também teve a oportunidade de enriquecer sua própria filosofia religiosa e seus recursos de meditação.

Foi o rei Lho-Tho-Ri-Nyen-Tsen do Tibet quem primeiro

introduziu o budismo no país, há bem mais de mil anos. Ele propagou-se de modo constante, e ao longo do tempo inúmeros eruditos renomados da Índia vieram para o Tibet e traduziram textos de Sutras e Tantras com seus comentários.

Essa atividade sofreu por alguns anos um revés no décimo século cristão, durante o reinado do rei Lang-Dar-Mar, que não era religioso. Mas esse eclipse temporário logo dissipou-se e o budismo reviveu e difundiu-se mais uma vez, a partir das regiões leste e oeste do Tibet. Logo os estudiosos, tanto indianos quanto tibetanos, dedicaram-se novamente a traduzir trabalhos religiosos, e eruditos indianos notáveis começaram a visitar novamente nosso país com esse objetivo. Mas, à medida que o Tibet passou a formar estudiosos eminentes, o número de estudiosos que vinham da Índia e do Nepal para o Tibet diminuiu gradativamente.

Assim, naquilo que pode ser caracterizado como o período mais tardio do budismo no Tibet, nossa religião se desenvolveu separadamente da escola mais tardia do budismo indiano, permanecendo, no entanto, exatamente baseada nos ensinamentos do Senhor Buda. Em seus fundamentos, nunca sofreu alterações ou acréscimos nas mãos dos lamas tibetanos. Seus comentários são claramente caracterizados como comentários, e eles autenticaram seu trabalho através de referências constantes aos ensinamentos fundamentais do Senhor Buda ou aos eruditos indianos.

Por essa razão, não posso considerar correto considerar-se o budismo tibetano uma religião separada do budismo original pregado na Índia, ou chamá-lo de lamaísmo, como o fazem algumas pessoas. É verdade que, em assuntos de importância secundária, ocorreram diferenças devido às condições locais –

como, por exemplo, o efeito do clima no hábito usado pelos religiosos. Mas acredito que um estudo profundo da linguagem tibetana e dos textos tibetanos seja agora essencial para quem quiser entender todos os ensinamentos do Senhor Buda tanto nos Sutras quanto nos Tantras.

O budismo, como já vimos, não foi trazido para o Tibet de uma só vez. As escrituras foram introduzidas por diferentes estudiosos em épocas diferentes. Na Índia havia grandes instituições budistas, como as Universidades de Nalanda e Vikramasila, que apresentavam ligeiras diferenças em seu estilo de ensino, embora oferecessem fundamentalmente a mesma religião e filosofia. Conseqüentemente, grupos independentes transformaram-se em organizações ou seitas independentes, todas com os mesmos dogmas básicos. As mais proeminentes dessas escolas tibetanas são: Nyingma, Kagyud, Sakya e Geluk. Cada uma delas adere a todos os ensinamentos do Hinayana e do Mahayana, incluindo o Tantrayana, pois os budistas tibetanos não separam esses ensinamentos, dedicando igual respeito a todos eles. Para orientação moral, eles seguem as normas do Vinaya, que têm nos hinayanistas seus seguidores principais, enquanto que para as práticas mais esotéricas, de todos os graus de profundidade, eles usam os métodos das escolas Mahayana e Tantrayana.

O Significado de Chös ou Dharma

A palavra tibetana *Chös* corresponde ao sânscrito *Dharma* e significa "segurar". Todos os objetos deste mundo que têm identidades definíveis próprias são conhecidos como *Dharmas.*

Outro significado de *Dharma* é "impedir um desastre iminente", e é neste sentido que *Dharma* pode significar "religião". Em termos gerais, quaisquer atividades nobres da mente, do corpo e da fala são *Dharma,* ou religião – que pode salvar ou impedir um desastre. Diz-se que a pessoa pratica religião quando desenvolve essas atividades.

As Quatro Nobres Verdades

O Senhor Buda disse: "Isto é sofrimento verdadeiro; isto é causa verdadeira; isto é a suspensão verdadeira; este é o caminho verdadeiro." Ele também disse: "Conheça os sofrimentos; renuncie a suas causas; atinja a suspensão do sofrimento; siga os caminhos verdadeiros." Mais uma vez, ele disse: "Conheça os sofrimentos embora não haja nada a conhecer; renuncie às causas do tormento embora não haja nada a renunciar; seja resoluto na suspensão embora não haja nada a suspender; pratique os meios de suspensão embora não haja nada a praticar." Estas são três visões da natureza intrínseca, da ação e do resultado último das Quatro Nobres Verdades.

De acordo com a Teoria Madhyamika (ensinada originalmente por Nagarjuna, um estudioso que viveu no terceiro século da era cristã), uma teoria que permanece suprema entre todas as teorias de diferentes escolas budistas, a explicação dessas Verdades é a seguinte:

> Verdadeiro sofrimento significa Samsara (o círculo completo da existência, do nascimento e renascimento), provindo do Carma (ou seja, ação e reação) e da ilusão.

Causa verdadeira significa carma e ilusão, que são as causas do verdadeiro sofrimento.

Suspensão verdadeira significa o desaparecimento total das duas primeiras verdades.

O caminho verdadeiro é o método pelo qual a suspensão é alcançada.

Assim, a verdadeira causa do sofrimento leva ao verdadeiro sofrimento, mas, ao seguir o caminho verdadeiro, atinge-se a verdadeira suspensão. Embora esta seja a seqüência natural, o Senhor Buda pregou as Quatro Verdades colocando os efeitos em primeiro lugar e as causas depois. A razão disso é que, se o sofrimento for conhecido, sua causa pode ser deduzida, e quando existe um forte desejo de renunciar à causa do sofrimento serão encontrados os meios para renunciar a ela.

Samsara e os Seres

Samsara é todo o círculo da existência, o que somado às suas desgraças é o verdadeiro sofrimento. Ao Samsara pertence tudo o que não contém sua própria causa suficiente, tudo o que procede de uma cadeia de outras causas e deste modo é envolvido em carma e ilusão. Sua natureza essencial é a desgraça, e sua função é fornecer a base para a produção da desgraça e atrair desgraças para o futuro.

Espacialmente, Samsara é dividido em três mundos – o Mundo Sensual, o Mundo da Forma e o Mundo Sem Forma. Os seres do primeiro desfrutam prazeres sensuais externos. O segundo, o Mundo da Forma, tem duas partes, sendo que na parte inferior os seres não podem desfrutar prazeres sensuais externos, mas podem desfrutar o prazer imperturbável da contemplação interna. No Mundo Sem Forma não existem nem os cinco objetos sensuais, nem os cinco órgãos sensuais necessários para sua fruição. Existe apenas uma mente nua, vazia de distrações, que reside inteiramente em um estado de equanimidade.

O Samsara pode também ser dividido de acordo com a natureza dos seres que contém, e sob este aspecto há seis divisões:

Deuses – Aqui incluem-se seres no mundo das formas celestiais e dos espíritos sem forma, e os seis tipos de deuses encontrados no mundo sensual.

Semideuses ou titãs – Estes são como deuses em todos os aspectos, exceto por serem nocivos.

Seres-humanos

Yi-dag ou pretas – Espíritos vivos constantemente atormentados pelas desgraças da fome e da sede.

Animais

Infernos – Há infernos de diferentes graus, e os seres vivos em cada um deles são também de naturezas diversas, de acordo com seu carma passado.

As causas das desgraças do Samsara

As verdadeiras causas do sofrimento são carma e ilusão.

Carma foi definido como "ação e reação concordantes". De acordo com as superiores escolas do budismo, ele tem duas divisões, conhecidas em tibetano como Sempai Lé e Sampai Lé.

Sempai Lé é o estágio inicial do Carma, no qual a ação física ainda está por se dar: o estágio no qual há um impulso subconsciente de agir. Sampai Lé é o estágio subseqüente, no qual ocorrem ações físicas e orais. Do ponto de vista de seus resultados, há três tipos de Carma. O Carma Meritório causa o renascimento dos seres nos reinos dos deuses, semideuses e homens. O Carma Demeritório motiva o renascimento nos reinos inferiores dos animais, pretas e infernos. O terceiro, Carma Achala, o Carma Invariável, motiva o renascimento dos seres nos mundos superiores, Rupa e Arupa Dhatu, um mundo de forma e um mundo sem forma. Os resultados do Carma podem ser experimentados nesta vida presente, na próxima vida ou em vidas subseqüentes.

A ilusão não é parte da mente essencial ou central, que, como já disse, é intrinsecamente pura: é uma imperfeição de uma das mentes periféricas ou secundárias. Quando esta mente secundária é estimulada, a ilusão se torna influente, dominando a mente central e motivando o pecado.

Há muitos tipos de ilusão: paixão, raiva, orgulho, ódio, hostilidade, etc. Paixão e hostilidade são as principais ilusões: por paixão entendemos um apego apaixonado aos homens e às coisas. A paixão pode tornar-se auto-apego ou egoísmo, a partir do qual a pessoa pode desenvolver o orgulho através de um sentido de superioridade. Ou, ao deparar-se com a hostilidade contra si, a pessoa pode desenvolver o ódio reativo. Mais uma vez, através da ignorância ou da deficiência de entendimento, a pessoa corre o risco de ser levada a opor-se à verdade. Esse forte "Eu-consciência" tem sido cultivado em todos os seres no Samsara desde tempos imemoriais, e eles estão de tal forma habituados a isso que o experimentam até mesmo em seus sonhos.

O fato é que todas as coisas cognoscíveis são vazias por sua própria natureza, mas através da ilusão aparecem como entidades auto-originadas e auto-suficientes. Esta concepção distorcida está na raiz de toda ilusão.

A Essência do Nirvana

Samsara, em outro sentido, implica escravidão. Nirvana implica libertação desta escravidão: a verdadeira suspensão, a terceira das Nobres Verdades. Já expliquei que as causas do Samsara são carma e ilusão. Se as raízes da ilusão forem totalmente extirpadas, se a criação de novo carma que causa renascimento no Samsara tiver fim, se não houver mais ilusões para fertilizar os carmas residuais do passado, então o renascer contínuo do ser sofredor irá cessar. Mas tal ser não deixará de existir. Ele sempre existiu em um corpo dotado de um resíduo mortal, um corpo nascido através de um carma anterior e de ilusão. Mas após a suspensão do renascimento, após a libertação do Samsara e a conquista do Nirvana, ele continuará a ter consciência e um corpo espiritual livre de ilusão. Este é o significado da verdadeira suspensão do sofrimento.

Nirvana pode indicar um estágio mais baixo, no qual simplesmente não há sofrimento, e também pode significar o estágio mais alto, chamado Mahaparinirvana. Este é o estágio da suprema Iluminação, total e absoluta, livre de qualquer conspurcação moral e mental, e da conspurcação causada pelo poder do pensamento discriminativo: o estágio da Condição Búdica.

Hinayana

Um caminho prescrito deve ser seguido para se alcançar um dos estágios do Nirvana descritos acima: o verdadeiro caminho, a quarta das Nobres Verdades.

Hinayana e Mahayana representam duas escolas de pensamento relativas a este caminho. Os hinayanistas, seguidores do caminho menor, basicamente procuram atingir o Nirvana para seu próprio benefício. De acordo com esta escola, a mente deve ter uma vigorosa vontade de renunciar ao Samsara. Ela deve buscar a ética religiosa (Sila) e simultaneamente praticar a concentração (Samadhi) e a meditação (Vipessana – em tibetano, *Lhag-thong),* de modo que a ilusão e as sementes da ilusão possam ser purificadas e não cresçam novamente. Assim atinge-se o Nirvana. Os caminhos a serem seguidos incluem os Caminhos da Preparação, da Aplicação, da Visão, da Prática e da Realização.

Mahayana

Os mahayanistas têm por objetivo atingir o mais alto estágio do Nirvana, a Condição Búdica, não apenas para o bem do indivíduo, como para o de todos os outros seres. Motivados pela idéia da Iluminação (Bodhichitta) e pela compaixão, eles seguem praticamente os mesmos caminhos do Hinayana. Mas, além desses caminhos, eles praticam outros métodos (Upayas), tais como os seis Paramitas (virtudes transcendentais). Por esta prática, os mahayanistas buscam não apenas livrar-se da ilusão, como também da conspurcação do pecado, e atingir assim a Condição Búdica. Os cinco caminhos do Mahayana são também conhecidos como os Caminhos da Preparação, da Aplicação, da Visão, da Prática e da Realização. Mas, embora os nomes dos caminhos sejam iguais aos do Hinayana, há uma diferença qualitativa entre eles. E como os mahayanistas têm uma motivação fundamental diferente e em geral seguem caminhos diferentes e praticam diferentes métodos, o objetivo final que atingem é diferente.

Pergunta-se às vezes se os hinayanistas, ao atingirem o Nirvana, ficarão confinados ao estágio que atingiram ou se seguirão subseqüentemente o Mahayana. A resposta deve ser que eles não irão considerar seu próprio estágio de Nirvana como a meta final, mas com certeza irão tomar caminhos para alcançar a Condição Búdica.

Tantrayana

Os caminhos que mencionei são caminhos doutrinários e devem ser seguidos para proporcionar uma base sólida antes de se praticar o Tantrayana (o caminho do Método Iogue). No Tibet tomaram-se todos os cuidados antes que qualquer doutrina tântrica fosse introduzida. Professores espirituais sempre investigavam se a doutrina estava entre aquelas pregadas pelo Senhor Buda e as submetiam à análise lógica de eruditos competentes, como também testavam seus efeitos à luz da experiência, antes da confirmação de sua autenticidade e da sua adoção. Isto era necessário por haver muitas doutrinas tântricas não-budistas em condições de serem confundidas com as do budismo devido a semelhanças superficiais.

O Tantrayana incide em quatro classes e tem um grande número de tratados que não podem ser enumerados aqui. Em poucas palavras, este é o seu sistema: como já expliquei, maus carmas são responsabilizados pelas diferentes formas de desgraças que nos afligem. Esses maus carmas são criados por meio da ilusão. A ilusão é, essencialmente, própria de uma mente indisciplinada. A mente deve, portanto, ser disciplinada e treinada através da interrupção do fluxo de pensamento maligno. Este fluxo pode ser interrompido, e a mente errante ou projetante posta a descansar, através da concentração sobre a constituição física do corpo da pessoa e a constituição psicológica de sua mente.

A mente pode também ter sua concentração dirigida para objetos externos de contemplação. Para isso, tornam-se necessários fortes poderes contemplativos, e as figuras de deidades são consideradas as que proporcionam os objetos mais adequados. Por essa razão existem tantas imagens de deidades em Tantrayana. Elas não são criações arbitrárias. Imagens, como objetos de contemplação para purificar o corpo, a mente e os sentidos, têm de ser criadas com aspectos coléricos e também pacíficos, às vezes com múltiplas cabeças e mãos, para serem convenientes às aptidões físicas, mentais e sensuais de diferentes indivíduos em seu esforço pelo objetivo final.

O progresso rumo a esse objetivo é obtido em alguns casos por meio de um forte poder de fé e devoção, mas em geral é conseguido pelo poder da razão. E se o caminho transcendental é sistematicamente seguido, a razão proporcionará em seu curso muitos motivos para uma crença sincera.

Verdade Dual

Todo caminho religioso tem uma sabedoria (Prajna) e um método (Upaya).

A sabedoria está relacionada à Verdade Absoluta (Paramarthasatya), e o método, à Verdade Relativa (Sambrithsatya). Nagarjuna disse: "Os *Dharmas* revelados pelos Budas estão sempre em total acordo com as Verdades Duais, tanto a Verdade Absoluta quanto a Relativa."

Quando o objetivo final, a Condição Búdica, é alcançado, o indivíduo adquire duas formas de Kayas, ou Corpos de Buda. Esses dois Kayas são as conseqüências de sua prática da sabedoria e do método ao seguir os caminhos doutrinários, e sua sabedoria e seu método são os resultados das duas verdades que proporcionam a base universal. Uma compreensão das Verdades Duais é assim muito importante, mas envolve algumas dificuldades. Diferentes escolas de pensamento budista têm visões distintas em relação a essas verdades. Segundo Uma Thal Gyurpa (a teoria de Madhyamaka adotada pela Escola Prasangika do Budismo), as coisas que percebemos com os nossos sentidos têm dois aspectos – perceptível e imperceptível. Em poucas palavras, a Verdade Relativa lida com o conhecimento das coisas e dos conceitos mentais em seus aspectos perceptíveis, e a Verdade Absoluta, com o conhecimento de seus aspectos imperceptíveis.

A Vacuidade Universal e a Verdadeira Suspensão são Verdades Absolutas. Tudo o mais é relativo.

Síntese do Método de Seguir-se o Budismo

A prática perfeita do budismo não é alcançada apenas através de mudanças superficiais, por exemplo, pela adoção de uma vida monástica ou pela recitação de livros sagrados. É até mesmo uma questão em aberto se essas atividades podem ou não ser chamadas de religiosas, já que a religião deve ser praticada na mente. Se a pessoa tem a atitude mental correta, todas as ações do corpo e da fala podem se tornar religiosas. Mas se a pessoa não tem a atitude correta, se não sabe pensar adequadamente, não conseguirá realizar nada positivo, mesmo se passar toda a vida em mosteiros e em leituras das escrituras. Portanto, a atitude mental correta é a primeira das condições essenciais. Deve-se adotar as Três Jóias – Buda, Dharma e Sangha – como seu refúgio final. Deve-se observar as leis do carma e seus frutos, e deve-se cultivar pensamentos em benefício dos outros seres.

Se a religião for seguida com seriedade através da renúncia ao mundo, ela traz grande alegria ao seu seguidor. Há muitas pessoas no Tibet que renunciaram ao mundo dessa maneira e conquistaram uma satisfação mental e física indescritível. A soma de todos os prazeres mundanos alcançados através do amor-próprio e da luta para satisfazer esse amor não se compara a uma fração dessa alegria e satisfação. Essas pessoas são também altamente benéficas às demais, pois seu estado interior as capacita não apenas a diagnosticar as verdadeiras causas dos males da humanidade, como também a prescrever os verdadeiros remédios. Porém essa renúncia ao mundo não é possível para todos, pois os sacrifícios que ela exige são grandes demais.

Então, que tipo de *Dharma*, que tipo de religião pode ser recomendada a pessoas que vivem uma vida comum? As atividades mundanas imorais, é claro, devem ser excluídas, pois essas atividades não são compatíveis com nenhuma religião, nunca. Mas atividades moralmente justificáveis, como colaborar na administração do governo de um país, realizar qualquer coisa útil e produtiva, desenvolver qualquer iniciativa pela promoção do prazer e da felicidade dos outros, podem certamente acompanhar a prática do *Dharma.* Reis e ministros da Índia e do Tibet promoveram o *Dharma.* Se a pessoa busca de fato a salvação, ela pode ser alcançada, mesmo que se leve simplesmente uma vida caseira. Em contrapartida há um ditado: "Pessoas que não fazem qualquer esforço mental, mesmo se ficam em retiros nas montanhas, como animais que hibernam em suas tocas, só acumulam motivos para descer ao inferno."

Talvez eu deva concluir com uma antiga história tibetana:

Há muito tempo havia um famoso lama que se chamava Drom. Certo dia ele viu um homem andando em torno de uma *stupa.* "Escute", disse ele, "é muito bom que você ande em volta de uma *stupa.* Mas seria melhor praticar a religião."

"Bem, então é melhor eu ler um livro sagrado", disse o homem para si mesmo. Ele laboriosamente começou a leitura de um livro, até que um dia Drom o encontrou novamente.

"Ler um livro sagrado é sem dúvida muito bom", disse Drom, "mas seria melhor ainda se você praticasse a religião."

E o homem pensou: "Até mesmo a recitação não é boa assim. Acho melhor meditar."

Pouco tempo depois, Drom o viu meditando e disse: "Sem

dúvida é muito bom meditar. Mas seria realmente melhor se você praticasse a religião."

"Eu suplico, o que você entende por praticar a religião?", replicou o homem, confuso.

"Desvie sua mente das formas dessa vida mundana", disse Drom. "*Volte a sua mente* para a religião."

Conheça outros títulos da Editora Sextante

De Sua Santidade, o Dalai-Lama:

Uma Ética para o Novo Milênio

"Quanto mais coisas vejo no mundo, mais claro fica para mim que, sejamos ricos ou pobres, instruídos ou não, todos desejamos ser felizes e evitar os sofrimentos.

Constato que, de modo geral, as pessoas cuja conduta é eticamente positiva são mais felizes e satisfeitas do que aquelas que se descuidam da ética.

Tentarei mostrar neste livro o que quero dizer com a expressão 'conduta ética positiva'."

Sua Santidade, o Dalai-Lama

O Caminho da Tranqüilidade

"Este livro inclui citações cotidianas selecionadas de meus próprios escritos e de trabalhos de minha autoria já publicados. Com toda a humildade, rezo para que os leitores possam encontrar nestas palavras alguma inspiração para desenvolver aquela generosa paz de espírito que é a chave da felicidade duradoura."

Sua Santidade, o Dalai-Lama

Palavras de Sabedoria

Este pequeno livro contém ensinamentos essenciais sobre o budismo, e foi escrito pelo Dalai-Lama, um dos maiores líderes espirituais do nosso tempo.

Estas lições associam a sabedoria antiga à compreensão dos problemas da vida moderna e nos estimulam a refletir sobre a importância do amor, da compaixão e da necessidade da responsabilidade individual.

De Leonardo Boff:

Espiritualidade

Leonardo Boff situa o tema da espiritualidade no contexto dramático e perigoso em que se encontra atualmente a humanidade. Sua reflexão quer captar a urgência da espiritualidade e enfatizar sua premente atualidade face aos mitos que circulam pela cultura – mitos de exterminação da espécie, da liquidação da biosfera, da ameaça do futuro comum, da Terra e da humanidade.

O autor evidencia a distinção essencial entre religião e espiritualidade: a primeira associada a crenças, dogmas, rituais, a segunda relacionada às qualidades do espírito humano – compaixão, amor, tolerância, capacidade de perdoar, solidariedade – que trazem felicidade.

Boff termina seu texto com um comovente diálogo com sua mãe, anafalbeta, mas possuidora de uma sabedoria que lhe permitia ver Deus na transparência da realidade e de cada experiência concreta.

O livro inclui um CD com palestra do autor.

Tempo de Transcendência

"Creio que a transcendência é talvez o desafio mais secreto e escondido do ser humano. Ele se recusa a aceitar a realidade na qual está mergulhado porque se sente maior do que tudo o que o cerca.

Com seu pensamento, ele habita as estrelas e rompe todos os espaços. Essa capacidade é o que nós chamamos de *transcendência*, isto é, transcende, rompe, vai para além daquilo que é dado. Numa palavra, eu diria que o ser humano é um projeto infinito."

Leonardo Boff

O livro inclui um CD com a palestra sobre este tema proferida em agosto de 2000. Se você nunca ouviu uma palestra de Leonardo Boff, irá se encantar com o brilhante e apaixonado orador que esta gravação revela.

A Oração de São Francisco

A Oração de São Francisco é uma síntese e um apelo. Cada uma de suas frases merece ser refletida em profundidade para que a sua compreensão faça de nosso pedido uma expressão verdadeira de nosso desejo de paz.

Leonardo Boff transporta a Oração para o mundo atual, ajudando-nos na assimilação desta mensagem pronunciada através dos séculos por todos os povos e credos.

De Jack Canfield, Mark Victor Hansen e Heather McNamara:

HISTÓRIAS PARA AQUECER O CORAÇÃO

50 histórias de vida, amor e sabedoria

"Deus criou o homem porque adora histórias."

Elie Wiesel

Um dos maiores fenômenos editoriais dos últimos tempos, com mais de 60 milhões de livros vendidos no mundo inteiro, *Histórias para Aquecer o Coração* é o primeiro título da premiada coleção que tem inspirado leitores de todas as idades.

Cada uma das histórias deste livro contém algum significado especial. Elas nos falam do extraordinário poder de superação que tem a vida, da força com que ela nos impele para enfrentar desafios e ultrapassar dificuldades.

Elas alegram, comovem, reacendem a esperança e estimulam o desejo de empenhar-se para amar e viver plenamente. São histórias que fazem bem à alma e aquecem o coração.

"Uma história é capaz de iluminar nossa relação com os outros, de fortalecer nossa compaixão, de transformar o olhar com que contemplamos os nossos semelhantes, confirmando a crença de que 'estamos todos juntos na tarefa de viver'."

Ruth Stotter

De James Van Praagh:

A Força da Vida

"Venho sendo abençoado por ser um instrumento de contato entre as pessoas e seus entes queridos que estão do outro lado. Iluminado pela visão daqueles que fizeram a travessia até os territórios espirituais, desejo partilhar com vocês essa luz para ajudá-los a superar o sofrimento e a perda, e para afirmar-lhes a extraordinária força de superação que a vida tem."

James Van Praagh

Em Busca da Espiritualidade

O autor nos leva a uma viagem da alma através do tempo para revelar os mistérios do mundo espiritual e do processo da reencarnação, mostrando, entre outras coisas, o que acontece na morte e como uma alma escolhe o seu renascer.

Conversando com os Espíritos

Neste livro, você compartilhará diversas histórias tocantes sobre a comunicação depois da morte, como a da mãe que reencontra esperança e razão para viver nas palavras meigas, mas corajosas, de sua filha, vítima da AIDS. O que esses espíritos contam sobre si, sobre um maravilhoso lugar de paz e de luz e sobre laços eternos de amor nos inspira e enche de emoção.

De Domenico De Masi:

A Economia do Ócio

Sendo o ócio um recurso escasso por definição, deve ser usado e maximizado com uma atenta perícia econômica. Não para reduzi-lo ao extremo, mas para aumentar a sua qualidade e a sua produtividade em termos de elevação do espírito e de produção das idéias.

Isso explica o título do livro e a idéia de recorrer a dois "clássicos" – *O Elogio ao Ócio,* de Bertrand Russell, e *O Direito ao Ócio,* de Paul Lafargue – tão iluminantes quanto difíceis de serem encontrados.

Coleção para Ler na Rede

A Economia do Ócio é o primeiro título desta coleção que deseja proporcionar momentos agradáveis de pausa e descanso a todos aqueles que alimentam suspeitas quanto à validade de uma vida competitiva e tendem, assim, a privilegiar as virtudes sublimes: a introspecção, a amizade, o amor, o jogo e a diversão num convívio prazeroso.

Domenico De Masi

De Sharon Lebell:

A Arte de Viver

Como viver uma vida plena, significativa e feliz? Como ser ao mesmo tempo uma pessoa digna e eficiente?

As respostas a estas perguntas foram dadas com apaixonada simplicidade pr Epicteto, o filósofo romano nascido por volta do ano 55 d.C. Os noventa e três pensamentos que formam este livro apresentam uma filosofia de liberdade e tranqüilidade interiores, combinando felicidade e virtude.

De Mitch Albom:

A ÚLTIMA GRANDE LIÇÃO

Cada um de nós teve na juventude uma figura especial que, com paciência e sabedoria, nos ajudou a descobrir dimensões mais profundas e a escolher nossos caminhos com maior liberdade.

Um dos maiores fenômenos editoriais dos últimos anos, este livro conta a real e comovente história do reencontro do autor com seu velho e querido professor para tratar dos temas fundamentais da vida.

De David Kundtz:

A ESSENCIAL ARTE DE PARAR

"Este livro é um instrumento elegante e poderoso para encontrar serenidade e placidez em nossas vidas atarefadas."

Richard Carlson, autor de
Não Faça Tempestade em Copo d'Água

Este livro vai lhe ensinar três formas de parar e como cada uma delas é adequada a um momento diferente da vida. Através delas, você ficará mais desperto e capaz de escolher o que é melhor para você.

De Iyanla Vanzant:

Ontem, Eu Chorei

Celebrando o que aprendi sobre a vida e o amor

"Meu objetivo é usar a história da minha vida como um exemplo, para lembrar a todos que eles também podem ser curados."

Iyanla Vanzant

Enquanto o Amor Não Vem

O que é que se faz enquanto o amor que se deseja não vem?

"Haverá um momento em sua vida em que o amor chegará. Antes disso, você terá feito tudo o que podia, sofrido o quanto podia e desistido muitas vezes. Mas, com a mesma certeza com que você está lendo este texto, lhe garanto que esse dia virá. Nesse meio tempo, este livro vai lhe contar muitas histórias e lhe ensinar algumas coisas que você pode fazer para se preparar para o dia mais feliz de sua vida: o dia em que experimentar o amor verdadeiro."

Iyanla Vanzant

Um Dia Minha Alma se Abriu por Inteiro

A autora de *Enquanto o Amor Não Vem* fez deste livro um precioso companheiro na jornada que empreendemos em busca da felicidade.

Ela nos fala da Verdade, da Confiança, da Escolha, dos Limites, do Perdão, da Raiva, do Medo, da Culpa, da Alegria e do Amor, totalizando quarenta valores e sentimentos que fazem parte essencial da vida.

De Lawrence Katz e Manning Rubin

MANTENHA O SEU CÉREBRO VIVO

Você tem mais de trinta anos? Anda esquecido? Tem dificuldade para aprender coisas novas?

Queremos então apresentar-lhe a Neuróbica, um extraordinário programa de exercícios para o cérebro, baseado nas últimas pesquisas da neurociência. Não se trata de acrescentar novas atividades à sua rotina, mas de fazer de forma diferente o que você realiza diariamente.

Esses exercícios ajudam a estimular a produção de nutrientes que desenvolvem as células do cérebro, tornando-o mais jovem e forte, e podem ser realizados em qualquer lugar, a qualquer hora.

O resultado: uma mente capacitada a enfrentar qualquer desafio, quer seja lembrar um nome, aprender um novo programa de computador, ou permanecer criativo no trabalho e em todos os setores de sua vida.

De Daniel Goleman

A ARTE DA MEDITAÇÃO

Aprenda a tranqüilizar a mente e a relaxar o corpo, a aliviar as dores físicas, a fortalecer seu sistema imunológico e a desenvolver a percepção e o poder de concentração. Daniel Goleman, o consagrado autor de *Inteligência Emocional*, ensina a alcançar esses benefícios através de tradicionais técnicas de meditação adaptadas à vida moderna.

Inclui CD com as seguintes meditações: *Meditar Respirando, Meditar Relaxando o Corpo, Meditar Concentrando e Meditar Caminhando.*

De Oriah Mountain Dreamer

O CONVITE

Não me interessa saber como você ganha a vida.
Quero saber o que mais deseja e se ousa sonhar
em satisfazer os anseios do seu coração.
Não me interessa saber sua idade.
Quero saber se você correria o risco de
parecer tolo por amor, pelo seu sonho,
pela aventura de estar vivo. (...)

Divulgado pela Internet, lido em palestras e conferências, *O Convite* tornou-se conhecido no mundo inteiro por sua capacidade de inspirar a viver com autenticidade e alegria. Oriah Mountain Dreamer nos desafia a refletir sobre o sentido da nossa existência, ensinando-nos a reconhecer a beleza e a força que existem no mundo e em nós.

"*O Convite* é uma declaração de intenções, um mapeamento dos anseios da alma, do desejo de viver apaixonadamente, cada um cara a cara consigo mesmo e com a pele colada ao mundo que nos cerca."

Oriah Mountain Dreamer

"*O Convite* é um tesouro. Se você quer viver mais profundamente, com honestidade e paixão, você precisa ler este livro."

Richard Carlson
autor de *Não Faça Tempestade em Copo d'Água*

Conheça também os seguintes títulos da Editora Sextante

De Bradley Trevor Greive
– Um Dia "Daqueles" – Uma lição de vida para levantar o seu astral

De Gavin de Becker
– Como Proteger Seus Filhos

De Tom Shroder
– Almas Antigas

De Sylvia Browne
– O Outro Lado da Vida

De Allan e Barbara Pease
– Por que os Homens Fazem Sexo e as Mulheres Fazem Amor

De Shirley MacLaine
– O Caminho – Uma jornada do espírito

De James Van Praagh
– Em Busca do Perdão (acompanha CD com exercícios de meditação)

De Richard Bode
– Velejando com a Vida

De Louise Hay
– Meditações para a Manhã e para a Noite (acompanha CD com exercícios de meditação)
– Meditações para a Saúde do Corpo e da Mente (acompanha CD com exercícios de meditação)

De Salle Redfield
– Descobrindo a Alegria de Viver (acompanha CD com exercícios de meditação)
– Meditações Celestinas (acompanha CD com exercícios de meditação)

De Morrie Schwartz
– Lições sobre Amar e Viver

Do Dr. Brian Weiss
– A Cura através da Terapia de Vidas Passadas
– A Divina Sabedoria dos Mestres
– Muitas Vidas, Muitos Mestres
– Só o Amor É Real
– Meditando com Brian Weiss (acompanha CD com exercícios de meditação)
– Os Espelhos do Tempo (acompanha CD com exercícios de meditação)

De Carol Bowman
– Crianças e Suas Vidas Passadas

De Richard Bolles
– Como Conseguir um Emprego e Descobrir a Sua Profissão Ideal

De Elizabeth Kübler-Ross
– A Roda da Vida – Memórias do viver e do morrer

De Yitta Halberstam & Judith Leventhal
– Pequenos Milagres

De Patch Adams
– O Amor É Contagioso

De Domenico De Masi
– O Ócio Criativo

De Richard Carlson & Benjamin Shield
– Os Caminhos do Coração

De Neale Donald Walsch
– Uma Amizade com Deus – Um diálogo incomum

Informações sobre os próximos lançamentos

Para receber informações sobre os próximos lançamentos da Editora Sextante, queira entrar em contato com nossa Central de Atendimento, dando seu nome, endereço e telefone para:

Editora Sextante
Av. Nilo Peçanha, 155 – Gr. 301 – Centro
20020-100 – Rio de Janeiro – RJ
Tel.: (21) 524-6760 – Fax: (21) 524-6755
DDG: 0800-22-6306 (ligação gratuita)
E-mail: atendimento@esextante.com.br

Para saber mais sobre nossos títulos e autores, e enviar seus comentários sobre este livro, visite o nosso site:

www.esextante.com.br